JN069436

ビートルズの語感

曲づくりにも共通する
遊びの発想

小島智

DU BOOKS

はじめに

はじめに

4人の発想の自由さは言葉にも

　ビートルズが20世紀のポップ・ミュージックに大きな革新をもたらしたバンドであることに異論を唱えるものは、今やほとんどいないだろう。

　もちろん筆者もそう思っている。ただ、少しだけしっくりこないのは、その革新性について語られる時に、サウンド面、音作りのあり方においての斬新さに焦点が当てられすぎているように思える点だ。確かに彼らの音作りは革新的だった。事実、デビューしてほんの数年のちからフェイド・インで曲を始めたり、アンプのハウリング音を曲の冒頭に活かしたりと、意外な試みを積極的にやっている。レコーディングに専念するようになった中期以降は、いうにおよばずだ。この時期には逆回転させた、また切り刻んでランダムにつなぎ合わせたテープの再生音源を曲中に使ったり、キーもテンポも違うテイクを無理やり合体させて曲を完成させたり……。そんな、できうる限りの録音ギミックを駆使して築き上げられた異質な音世界は、われわれリスナーをハッとさせるに充分なものだった。

　そんなふうにビートルズは、レコーディングの環境が今のように整っていなかった1960年代から、独自の工夫で新しい概念を持つ音楽を作り続けていたわけだ。その工夫の根底にあった発想は、いうならば“コロンブスの卵”のようなものだっただろう。ある意味でとっさのひらめきともいえるシンプルな発想の転換で、ポップ・ミュージックの新しいスタイルを次々と提示してきたことは、今、冷静に振り返ってみても瞠目に値する。

が、解散して50年を経た今も彼らの存在が新鮮であり続ける理由は、単に音作りが革新的だったことだけではないように思えるのだ。もちろんそれも、大きな理由だろう。が、いちばんの理由は、彼らがポップ・ミュージックをやる一バンドとして、行動様式すべてにおいて、新しい価値観を提示していたことだと個人的には思っている。男だというのに髪を伸ばしていたのもそのひとつだ。また、当時はLPレコードといっていたアルバムを、ある特定のコンセプトのもとにまとめ上げたことも同様だ。さらに、メンバー自身をアニメ化したメルヘン・タッチの映画を作ってみたり、メンバーが主導でレコード事業を中心にしたコングロマリットを立ち上げたり、また当時は3分少々が常識だったシングル・レコードに、7分以上におよぶ曲を用いてみたり、観客が誰もいないビルの屋上でコンサートを敢行したり……。

　ビートルズはこんなふうに、やることなすことすべてが当時の常識を覆すような、画期的なバンドだったのだ。あれ以後数多く出現したビートルズ・フォロワーの中に、こうした行動様式から影響を受けたことがはっきりわかる活動をするアーティストが少なくないのがその証拠だ。また世紀を超えた今もなお、音楽ファンを超えてさまざまな分野のクリエイターたちから支持を集めているのも同様だ。いってみればビートルズは、"表現"というものすべてにおいて、斬新かつ独自だったのだ。

その斬新さや独自性は当然のこと、サウンド以外の重要な要素のひとつである「言葉」の中にも色濃く表れている。歌詞のみならず、曲やアルバムのタイトリングに加えて関連団体などのネーミング、また記者会見やインタヴューなどでの発言や映画のセリフなどなど、演奏やサウンド以外のところにも、4人4様の独特な個性は出ているのだ。

　本書ではそんな個性……、"カブト虫"と"ビート"をかけ合わせ、後世にも燦然と輝くこの堂々としたバンド名をいとも簡単に考え出してしまったところにも表れる特異な個性に、スポットを当てている。シャレ心に満ちたユーモラスな、また風刺を効かせたシニカルな、そしてウラには突飛な真意が込められた意味深な……、そんないくつかの、ここで取り上げたメンバーの言葉は、今、耳にしても目で読んでも新鮮で、ハッとさせられるものばかりだ。中には苦笑が出るほど陳腐なギャグもあるのだが、そんなものでも4人の人間性を照らし合わせてみてみると、楽しませてくれるのだ。

　……ビートルズは本当に、あらゆる面で受け手を喜ばせ楽しませた、エンターテインメント精神が豊かなバンドだった。そんなビートルズの面白味を、本書を通して言葉の面から味わっていただければ、と思う。

1章

独創性とシャレ感覚

バンド名、アルバム・タイトル

バンド名にすでに
曲作りのセンスがあった！？

　ビートルズ = The Beatlesのbeatleは、beetle（カブト虫）とbeat（鼓動、ビート）をかけ合わせた造語である。そんなことはファンならご存知のことと思うが、じつはカブト虫という昆虫のとらえ方が、日本人とイギリス人とでは異なるということはご存知だろうか。

　カブト虫は、イギリスでは日本のように子どもが好んで採集したり、高値で取引されたりする虫ではない。**ゴキブリほどではなくても、あまりいい印象は持たれない昆虫なのだ。**どちらかというとネガティヴなイメージがある、そんな虫の名を使ったあたりに"どうせオレたちは半端モンだから、別に嫌われてもかまわない"なんて開き直りも感じ取れてなんとなく面白い。やぶれかぶれな感覚といってもいい、そんな気分もどこかにあったのかもしれない。

どういう経緯で決まったのか？

　アイデアを出したのはジョン・レノンと、ステュアート・サトクリフ。サトクリフは、"5人目のビートルズ"ともいわれるデビュー前のベーシストで、ビートルズが有名になる前、"武者修行"していたハンブルク時代に画家を目指すことを決意して脱退、その直後（1962年）に21歳の若さで脳出血により早逝した人物だ。カブト虫を使うことにしたのは、当時メンバーが大好きだったバディ・ホリーのバンドがクリケッツ（Crickets、コオ

ロギの意味) だったため、自分たちも虫の名にしようと思ったからだ。

　スペルをbeatにしたのはジョンの、「こうすれば躍動感が出るんじゃないか」なんて思いつきだった。今やまったくもって堂々と響くこのバンド名は、こんな子どもっぽいと思えるほどストレートな発想から生まれたものなのだ。

曲作りに通じる"足し算感覚"

　このネーミングの感覚には、ビートルズの数々のユニークな音作りのもとになった発想と共通したものがあるように思えてならない。

　というのも、"革新的"だとか"斬新"などと評価されてきたその音作りは、わりとこのネーミングに似た、シンプルで、しかし自由な"足し算"的な発想がベースになったものが少なくないからだ。たとえば「We Can Work It Out」(邦題「恋を抱きしめよう」) や「A Day in the Life」はジョンとポールが作った違う曲をつないでひとつに仕立て上げたものだし、「I've Got a Feeling」はやはりジョンとポールがそれぞれで作った曲を、こちらはふたりが同時に唄って異様なタッチを出したナンバーだ。さらに、「Strawberry Fields Forever」のように、テンポが異なったテイクを無理やり合体させたような曲もある。

　「Strawberry Fields Forever」は別として、こうした曲でなされた試みは、おそらくジョン、もしくはポールの、"オレが書いたあの曲のことを考えていたら、ヤツのあの曲が思い浮かんできた"なんていう、シンプルな思いつきに端を発したものと考えてさしつかえないように思う。このバンド名が考え出された60年、命名者のジョンとサトクリフもやはり、まず

は "クリケット" から昆虫ということでちょっと斜にかまえてあまりイメージのよくない "カブト虫" のbeetleを思い浮かべ、そしてそこからとっさになのか、あるいは字面を眺めるうちにじわじわとなのか、"鼓動、ビート" のbeatという言葉が浮かんできた……なんて感じだったと考えてもおかしくないはずだ。こんなふうに考えると、音作りもネーミングも、もとにある発想はどこかで通底しているように思える。

無邪気な言葉遊びでも
いちばんしっくりくる The Beatles

　結局のところ単なる遊び心と、ちょっとした発想の展開がモノをいったわけなのだ。それでも、あえてThe Beatlesが鋭いと思えるところを挙げておくと、昆虫だからといってグラスホッパー（grasshopper バッタ）やドラゴンフライ（dragonfly トンボ）、またシカーダ（cicada セミ）などにしなかったことか。The GrasshoppersやThe Dragonflies、あるいはThe Cicadasなんて名前だとシャープさに今ひとつ欠ける。さらに、ジョン的な発想でちょっとアレンジしてみて、The Grass Hoppers、The Dragon Flying Band、そしてThe Cicada‐Risesなんて名前も考えられたかもしれない。ザ・グラス～は "マリファナを吸って飛び跳ねるもの"（grassは "マリファナ" を意味する隠語）、ザ・ドラゴン～は "竜が飛ぶバンド"、ザ・シカーダ～は "セミによる傷モノたち"（"傷跡を残す" の意味のcicatrizeという動詞から少し発展させ、ハイフンを入れてスペルを変えた造語）という意味になる。一応らしさは出るが、どことなくスッキリしないし、根にあったピュアな発想……とっさのひらめきも感じられな

い。それがどんなに無邪気で子どもっぽいものであれ、やはりビートル
ズ、The Beatlesという名前は素晴らしいのだ。

　なおサトクリフは、*Beat all!*（"みんなをブチのめせ！"なんて意味）を
もじったビータルズ（Beatals）という名も当初は提案したらしい。これ
もちょっとシャレている。

アルバム・タイトルのセンス

1960年代、ロックやポップスのアーティストのアルバムは、代表曲がそのままタイトルとして使われたようなものがほとんどだった。ビートルズにも『プリーズ・プリーズ・ミー（Pease Please Me）』、『ア・ハード・デイズ・ナイト（A Hard Day's Night）』、『サージェント・ペッパーズ・ロンリー・ハーツ・クラブ・バンド（Sgt. Pepper's Lonely Hearts Club Band）』などは曲名＝アルバム名である。

しかし、単なる曲名ではなく、コンセプチュアルな響きのある言葉がタイトルになったアルバムもある。『ビートルズ・フォー・セール（Beatles For Sale）』と『ラバー・ソウル（Rubber Soul）』、そして『リヴォルヴァー（Revolver）』の、中期に発表された3枚だ。

それぞれ意味は、"ビートルズ売り出し中"、"ゴムの魂"、"回転式連発銃"。発表当初は「ちょっと変わったタイトルだな」などと感じた程度だったが、これもよくみてみると面白い。

直感的でも見事にポイントを突いた言葉ばかり

まず〜for sale。これは単なるジョークだろう。が、こうダイレクトにしたあたりには、「たくさん売れてほしい」なんて意図がのぞき、シャレっけ（もしかしたら本音？）が感じられて微笑ましい。そしてrubber soulはローリング・ストーンズを揶揄したプラスティック・ソウル（"まがいものの魂"なんて意味）からポールが連想した言葉。やはりごくシンプルな言葉

遊びといえるが、プラスティックより柔らかいゴムにしたことで、「まがいもののどこが悪い」なんて強い開き直りの気持ちも伝わってくる。

また日本公演の際、彼らを警護した数千人もの警官が持っていた拳銃から発想したとも憶測されたrevolver。実際にそうだったとしたら、ツアー先で目にして印象に残ったこんなものをタイトルにするなんて、いかにも直感的に動くビートルズらしい……、などと感心するところだが、じつは"回るもの"のイメージから。なるほどレコードは"回る"し、この作品からテープを逆"回転"させるなどのギミックが録音には使われるようになっている。

そんなふうに考えると、彼らの**音楽表現の特性の一面をうまく表した、なかなかシャレた言葉**なのである。ちなみにこの作品のタイトルの候補には、アブラカダブラ（Abracadabra）やマジック・サークル（Magic Circle）なんてものもあった。アブラ～はまじないに使われる言葉だが、回文のようなイメージがあるし、マジック～のほうはそのまま"魔法の輪"という意味。どちらも"回るもの"を連想させる。それぞれ、どれもやはり直感的に思い浮かんだ言葉なのだろう。が、そんなものでも見事にポイントを突いているところからは、ビートルズの4人の感性の鋭さが伝わる。

なおアブラカダブラは、「Ob-La-Di, Ob-La-Da」のネタになった言葉。ポールもジョンに負けず劣らず、言葉遊びが好きだったようだ。

『マザー・グース』は
いつの時代も有効

　ビートルズの曲には動物が出てくるものがかなりある。ざっと挙げてみると、「Blackbird」、「Piggies」、「Rocky Raccoon」「Hey Bulldog」、「I am the Walrus」、「Octopus's Garden」などだ。

　それぞれタイトルの意味は、"クロツグミ"、"子ブタたち"、"アライグマのロッキー"、"おいブルドッグ"、"オレはセイウチだ"、"タコの庭"。イギリス人は概して動物が好きなものだが、メンバーも多分に漏れずそうだったようだ。実際にみんな、ペットにはかなり馴れ親しんでいた（54ページ参照）。

あちこちにのぞける影響

　さて、どうしてビートルズの曲には動物を唄ったものが多いのか？　これはメンバーがみんな、動物が好きだったことだけが理由ではない。ではなぜかというと、『マザー・グース』の影響なのだ。『マザー・グース』とは、イギリス発祥（一部アメリカのものもあり）の伝承童謡のこと。「ハンプティ・ダンプティ」や「ロンドン橋落ちた」、また「ピーター・パイパー」などで知られる、イギリス人であれば、幼少の頃には誰もが夢中になったことがある童謡だ。Mother Goose（ガチョウ母さん——gooseは"ガチョウ"の意味）と総称されるだけあって、「メリーさんの羊」や「ライオンとユニコーン」などと動物が出てくるものが多く、ビートルズの4人も幼

い時期、かなり馴れ親しんでいた。とくにジョンは大好きだったようで、「スリー・ブラインド・マイス」は自宅の留守番電話のBGMに使っていたことがあり、曲作りの参考にしたとも公言している。

　先に挙げた、動物がテーマになった数曲の内容もやはり、『マザー・グース』を連想させる、メルヘンチックなものだ。傷ついたクロツグミがけなげに飛び立とうとしている様子が唄われた「Blackbird」に、人間を子ブタに見立てた「Piggies」、“アライグマのロッキー”なんてかわいらしい名を持つ男の奮闘が西部劇ふうに描かれた「Rocky Raccoon」。そして、迷いを持つ、ブルドッグに見立てた相手に親身に声をかけるような「Hey Bulldog」、コーンフレークの上に立ったり、イングリッシュ・ガーデンで太陽を待ったりする僕はセイウチだ、などという、マンガのような内容の「I am the Walrus」に、海の底にあるタコの庭で暮らせればどんなに幸せか、なんて絵本になりそうな世界が描かれた「Octopus's Garden」。どれもやや現実離れした、『マザー・グース』に通じる、童話のような世界が唄われているのだ。

　とくに「I am the Walrus」の歌詞をつぶさにみてみると、その影響がリアルにみて取れる。“セイウチ”は明らかに、『マザー・グース』に触発されて書いたとされる、ルイス・キャロルの『鏡の国のアリス』の「セイウチと大工」から頂戴したものだし、冒頭の、“キミは僕であるようにキミは彼で……”などという呪文のような歌詞は、多くの『マザー・グース』の歌のナンセンスなタッチを思い浮かばせる。また「スリー・ブラインド・マイス」にあるSee how they runをもじったような歌詞もあるし、“卵男”なんていう、「ハンプティ・ダンプティ」にヒントを得てできたと思える造語

(humpty dumptyは"ずんぐりむっくりの人物"という意味だが、そこから転じて"卵"を表すこともある)も出てくるのだ。

　メッセージが込められたナンバーもある。「Blackbird」の飛び立とうとしているクロツグミには、解放を夢見る黒人女性が、また「Piggies」の泥のなかを這いずり回る子ブタには、反省することのない人間がダブらせられているのだが、どちらの曲からもまず得られるのは、『マザー・グース』に通じるメルヘンチックなタッチだ。そしてその志向の無垢さは、この童謡に通じるものがある。

三つ子の魂百まで？

　ほかにもビートルズの曲には、明らかに『マザー・グース』を下地にしたと思われるものがある。まずは"1、2、3、4、5、6、7"と数字が並ぶパートがある「You Never Give Me Your Money」、また同じく数字とともにアルファベットがAから並ぶところがある「All Together Now」、そしてマドンナ婦人の過ごし方が曜日ごとに描写される「Lady Madonna」がそうだ。『マザー・グース』には子どもに数字や文字などを覚えさせるための、教育唱歌のような歌もあるのだが、これらはまさに、そうした歌を聴いてきたからこそできた曲だと思われる。

　さらに、「Lucy in the Sky with Diamonds」はジョンの子息、ジュリアンの絵をもとにしてできたナンバーだとされているが、"空にはダイヤを持ったルーシーがいる"なんて情景描写は、『マザー・グース』そのものだ。また、青い空とグリーンの海に包まれた黄色い潜水艦で暮らす様子が唄われた「Yellow Submarine」にしても同様のファンシーさがある。そ

してジョアンという女生徒が銀のハンマーで殴り殺されるという、少しばかり物騒な内容の「Maxwell's Silver Hammer」も、ゾッとするような話もある『マザー・グース』がダブってくる。『マザー・グース』には母親に殺されて父親に食べられてしまうという内容の「お母さんが私を殺した」や、斧で何度も打たれるボーデン夫妻のことが描かれた「リジー・ボーデン」なんてものもあるのだ。さらに、"オブラディオブラダ"という、おまじないのような言葉も『マザー・グース』ふうのタッチを漂わせている。

　こんなふうに、『マザー・グース』を連想させる曲が、ビートルズのナンバーにはいくつもある。それも、レノン＝マッカートニーの曲のみならず、ジョージやリンゴにもある（最初に挙げた「Piggies」はジョージ作で、「Octopus's Garden」はリンゴ作）。それだけこの伝承童謡は、非凡な4人にとっても幼少時代にはかなり強烈だったのだろう。まさに"三つ子の魂百まで"だ。

　なお往年のブリティッシュ・ロックの名曲のなかにも、『マザー・グース』を下地にしたと思われる歌詞はいくつもある。レッド・ツェッペリンの名曲「ステアウェイ・トゥ・ヘヴン」（邦題「天国への階段」）なども個人的にはそうだと思っているのだが、そのことは拙著『ロック＆ポップスの英語歌詞を読む』に記してあるので、よろしければご参考に。

ちょっと長めの曲名を
深読みすると……

　中期あたりからのビートルズには、主語→動詞→目的語の形を取った文章の、また文章でなくとも、状況や状態を細かく描写したフレーズなどの、いささか長めのタイトルを持つ曲が結構ある。多くてもせいぜい4つか5つぐらいの単語でサラリといい切ったタイトルの曲が多かった60年代では、ちょっと珍しいことだ。ここではおもだったいくつかの長い曲のタイトルについて、勝手に深読みしてみたい。

I Don't Want to Spoil the Party

　この前にも文章の形式をとったタイトルの曲はいくつかあるが、ちょっと特徴的だと思われる、早い時期のものがこれ。『ビートルズ・フォー・セール』に収録されたナンバーで、そのまま訳すと "パーティを台なしにしたくない" であり、どことなく説明口調なのだ。邦題は「パーティはそのままに」。この曲を知ったローティーンの頃には取り立てて特別な印象は持たなかったが、ビートルズについて検証するようになってからその独特な響きに気づき、これもビートルズらしい、と感じた記憶がある。

　唄われているのは、パーティに参加したものの、好きな相手が現れないことに気落ちして帰ってしまう、寂しい男の気持だ。歌詞には、"ガッカリしてるところを見られたくないからもう行く" だとか、"彼女には悲しい想いをさせられたけど、まだ好きなんだ" などと未練がましいところは

あるが、don't want to spoilという表現を使って、そんな寂しさを淡々と述べたようなこの文章をタイトルにしたところには、ジョンの機転を感じる。ちょっとイキだ。

Got to Get You into My Life

『リヴォルヴァー』に収録、ハデにフィーチャーされたホーン・セクションがハッとさせるポール作のナンバーだ。タイトルの意味は、"キミを僕の生活のなかに取り込んで"となる。少しばかりくどい気もするが、ドライヴ中に出会った素敵な"キミ"を、"生活のなかに取り込み"たくなった経緯を飾らない表現でつづった曲だ。そのためコピーなどに使えそうなフレーズは、あまり見当たらない。ならば、サビのあとにシャウトするこの一文をタイトルにしてもインパクトがあっていいのでは、などとポールは考えたのではないかと思われる。

この『リヴォルヴァー』にはジョン作の「I'm Only Sleeping」やジョージ作の「I Want to Tell You」など、文章のタイトル曲はある。が、"オレは寝てるだけだ"、"キミに伝えたい"より、確かにこのタイトルはインパクトがある。

With a Little Help from My Friends

『サージェント・ペパーズ・ロンリー・ハーツ・クラブ・バンド』のひとつのポイントになった、リンゴがメイン・ヴォーカルをとるナンバー。このコンセプト・アルバムのなかで、リンゴが演じるビリー・シアーズという架空のシンガーが唄う曲として作られたもので、歌詞を要約すると、"友

達のちょっとした助けがあればなんでもできる、だから愛する人が必要なんだ"なんて感じ。いってみれば周囲の人たちの和を大切にする、リンゴのノホホンとした人柄をそのまま表したような曲だ。それならば、サビに出てくるこのフレーズがズバリということで、タイトルに採用したのではないかと思われる。歌詞には、ほかにも"僕には愛する誰かが必要だ"という意味の一文など、タイトルになりそうな文やフレーズはあるが、これがやはりスカッとしていてわかりやすい。

　余談ながらこの曲の、"友達のちょっとした助けがあればハイになれる"というところは、ドラッグのことが唄われたのではないかと詮索されたことがある。

Being for the Benefit of Mr. Kite

　やはり『サージェント・ペパーズ』に収録のジョン作のナンバー。唄われた内容に即してこのタイトルを訳すと、"カイト氏の慈善興業として"などとちょっと奇抜な意味になるが、これはジョンが、ロンドン南東のケント州にあるアンティーク・ショップで見つけたサーカス団のポスターにあったコピーをパクったもの。実際にこのタイトルとまったく同じ宣伝文句がそのポスターには記されていたのだ。"トランポリンで飛び跳ねる"云々という歌詞もポスターには書かれていた。いささか安易で苦笑してしまうが、そんな何気ないものにインスパイアされて曲を作り、タイトルにもしてしまうジョンのクリエイティヴィティはやはりたくましい。

The Continuing Story of Bungalow Bill

　これもジョン作の、『ザ・ビートルズ（The Beatles）』に収録されたナンバー。"継続中のバンガロー・ビルの物語"なんて意味の、少しばかり仰々しいタイトルだが、この曲はもともと、バッファロー・ビルという愛称を持つ19世紀のアメリカのヒーロー、ウィリアム・コーディ少佐の武勇伝の続編を書こうと思ってジョンが作ったものだ。だから彼にしては珍しく物語調の曲であり、それならば、本のタイトルにもなりそうなこれがいいとしてつけたのではないかと思われる。

　ジョンは実際に本が好きで、グラマー・スクールに通っていたティーンエイジャーの頃から、自身で考えた物語や描いた絵を載せた「デイリー・ハウル」という名のミニコミを作っていたほどなのだ。

While My Guitar Gently Weeps

　やはり『ザ・ビートルズ』収録の、ジョージの代表作。ほかにも彼は、「Piggies」や「Long, Long, Long」、また「Savoy Truffle」などをこのアルバムで披露しているが、この曲は彼の人間性がとりわけよく出た曲として、多くのファンから支持を集めた。そんな名曲なのだが、唄われた内容は意外とシンプル。ギターが静かにすすり泣く間に変わってしまった周囲を嘆く気持ちを少し遠回しに表している程度なのだ。それでも、weepなんて単語を使ってちょっとリリカルに響かせたこのフレーズをタイトルにすることで、そんな歌詞のストレートさをうまく払拭しているところがいい。

Why Don't We Do It in the Road?

これも『ザ・ビートルズ』からの、ポール作のナンバー。ポールとリンゴのふたりだけで録音されたもので、歌詞も "通りでやっちゃわないか?" という意味になるこのタイトルの一文と、"誰も見てやしないさ" という意味のもう一文があるだけの、いたってシンプルな曲だ。『ザ・ビートルズ』はもともと、メンバー4人が思い思いに自分勝手なことをやったアルバム。ならば全員が参加しておらず、オマケに歌詞もたったの2行だけという、中途半端で手抜きとも思われかねないこんなテイクだってアリだろう、とポールは考えて、この曲をあえて入れようと考えたのではなかろうか。歌詞の半分をタイトルにしてしまったのも、そんな勢いからかもしれない。

それにしても、歌詞の半分がタイトルになった曲というのも画期的だ。ビートルズはやはり、言葉の面でも特殊な感覚を持っていた。

Everybody's Got Something to Hide Except Me and My Monkey

『ザ・ビートルズ』収録の、ジョンのナンバー。好き勝手にやると、やはりタイトルもこんなふうに取り留めのないものになるのか、公式に発表されたビートルズの曲のなかで、いちばん長いタイトルがこれだ。意味は、"僕と僕のモンキー以外はみんな隠し事を持っている"。自分と自分が飼っているサル、これはヨーコのことだが、オープンなのはそのふたりだけだとジョンはこの曲でいいたかったのだ。実際に彼の目にはこの時期、深い関係になりつつあったヨーコと自分は自然にしているのに、ふたりの関係を

あれこれ詮索する周囲が異様に映っていた。

　そのことについて、ジョンは

Everybody seemed to be paranoid except for us two, who were in the glow of love. （愛を高めている僕らふたり以外はみんな誇大妄想になっているように思える）

　と語っているのだが、そんな周囲の人たちに対して、"さあ、もっと気楽にやろうぜ"とこの曲では唄いかけているのだ。

　じつはこの曲、当初はその"さあ"の意味の、曲の冒頭と最後に出てくる Come on を並べた、「カモン・カモン」というタイトルにしようとジョンは考えていたらしい。が、それだと少しばかりありきたりだからとサビに使ったこの文にしたという話が伝えられている。自分のパートナーをサルで表したことといい、タイトルをこんな奇抜な、長ったらしいものにしたことといい、ジョンの言葉に対する独特の感覚が出ていて面白い。

You Never Give Me Your Money

　アルバム『アビー・ロード（Abbey Road）』の後半、メドレーで続く数曲のトップに収まるポール作のナンバー。"アンタは金を絶対にくれようとしない"などとひどくリアリスティックなタイトルになったのは、メンバー自ら立ち上げたアップル・コア（36ページ参照）が経営不振に陥り、財政困難になったゆえのゴタゴタをテーマにした曲だからだ。

　冒頭、このタイトルの一文に続く、"アンタは変な書類ばかりよこしてくる"、"アンタは途中で交渉をブチ壊す"などの部分は、そのゴタゴタの様子の描写。その"アンタ"は、アップル・コアとポール以外の3人の管財

人になっていたアラン・クラインのことだ。実際このクラインのやり方は
かなり強引で、その上自己本位だった。かつて彼はローリング・ストーン
ズのマネージメントも手がけていたことがあるのだが、そんなビジネス
手法がミック・ジャガーに嫌われて解雇されたという経歴があるほどなの
だ。

　ポールもかなり嫌悪していて、

　*This was me directory lambasting Allen Klein's attitude to
us; no money, just funny paper, all promises and it never work
out. It's basically a song about no faith in the person.*（これは僕
がアラン・クラインの僕たちに対する態度をダイレクトに非難したものな
んだ。金はよこさず奇妙な紙ばかりわたしてきて、約束も守らない。基本
的にそんな人物への不信感を表した曲だね）

　とこの曲についてはきっぱりといっている。

　実名は出さなかったとはいえ、こうしてある特定の人物を攻撃するよう
なナンバーは、ポールにしては珍しい。それだけクラインへの嫌悪感は強
かったということだろう。タイトルをこの唄い出しのストレートな一文に
したのも、怒りの表れだと思われる。

She Came in Through the Bathroom Window

　やはり『アビー・ロード』のメドレーにあるポールの曲で、これは実話
がもとになったもの。実際に彼の家に、"浴室の窓から侵入してきた彼女"
がいたのだ。ビートルズの熱狂的なファンだったその"彼女"は、クロー

ゼットを物色して、彼が持っていた服を"試着"するだけで何も盗まなかったらしい。ポールはそんな彼女の行動をみて、何不自由なく過ごしてきた、世間知らずの箱入り娘だと感じたのだろう。曲のなかに"銀のスプーンに守られて"と唄うところがあるが、ここはそんな気持ちの表れだと思われる。この部分は明らかに、*born with silver spoon in one's mouth*（"銀のスプーンを口にして生まれる"から転じて"裕福な家に生まれる"の意味）という、英語にあるいい回しを下地にしたものだ。そして"コソ泥はできても窃盗はできなかった"というところは、そんなナイーヴな、大胆な罪を犯す勇気はなかった彼女への皮肉だろう。

　曲では彼女のことを、"15歳からクラブで働いていたダンサー"であり、結局は"池のほとりで指をくわえたまま悩む"ことしかできなかったなどと、フィクション仕立てに描いている。が、このタイトルの一文だけは、実話のままだ。侵入犯の彼女に腹を立てたのではなく、逆に面白がっていたことが伝わり、なんとなくおかしい。

曲に出てくる人・人・人……

　ビートルズの曲にはさまざまな名前の人物が出てくる。なかにはちょっと耳に馴染まないような響きを持つものもあるが、そんな独特の固有名詞がタイミングよく出てくるところも耳をひく理由のひとつだ。ここではビートルズの曲を彩った、数多くの人物について触れてみたい。

Michelle

　初めてビートルズの曲に登場した固有名詞。アルバム『ラバー・ソウル』収録の、ポール作のバラードのタイトルになった架空の人物だ。フランスにちょっとした憧れを抱いていたポールが、フランス語を使った曲を書きたいと思って考えた女性名で、タイトルをこの名でピシャリといい切ったところがエキゾティックで振り向かせる。同アルバムではサイドAのラストに収録、「Think For Yourself」（邦題「嘘つき女」）、「The Word」（邦題「愛のことば」）というロック調のナンバーのあとにこのふくよかな曲が続いて、ハッとしたファンも多かっただろう。

　この曲の、フランス語で唄われた部分について余談。ポールは発音がおぼつかなかったため、クォーリーメンのメンバーだったアイヴァン・ヴォーンの妻で、語学に明るかったジャン・ヴォーンの指導を受けている。

Lear

　「Paperback Writer」で、大衆作家志望の主人公が、"リアのことを書き

ました"と売り込む言葉に出てくるこの人物の名は、19世紀に活躍したイギリスのユーモア作家、エドワード・リアから取ったもの。基本的にポールが書いた曲だが、ジョンがリアの大ファンだった。

　また余談になるが、ジョンはこの曲について、

'Paperback Writer' is son of 'Day Tripper', but it is Paul's song.（「Paperback Writer」は「Day Tripper」の息子だ。ポールの曲だけど）

　といっている。自分が書いた「Day Tripper」のほうが格上だ、といいたかったのだろうか。

Mr. Wilson, Mr. Heath

『リヴォルヴァー』のトップに収録されたジョージ作の「Taxman」に出てくるふたり。"稼いだ金のほとんどは税金に取られてしまう"という内容のこの曲で、税金取立人に見立てた人物だ。ウィルソンは当時のイギリス首相だった労働党のハロルド・ウィルソンのことで、そのウィルソンはこの時期、富裕層に95パーセントという驚くほどの税率をかけていた。そんな政策への皮肉を込めてこの名前を出したのだ。

　そしてヒースは、ウィルソン政権時代の野党第1党の保守党党首だったエドワード・ヒースのこと。政権のトップと反対勢力のトップを並べたのは、片方だけに肩入れするのはよくないという殊勝な考えがあったからだとも受け取れるが、どちらが政権を取っても変わりはないという、醒めた気持ちからなのだと思う。

　なおジョージは1991年の日本公演でもこの曲を演奏しており、このパ

ートを一部、Mr. Major、Mr. Bushと変えて唄った。当時のイギリス首相のジョン・メージャーと米大統領のジョージ・ブッシュ（父）のことだ。

Eleanor Rigby, Father McKenzie

「Eleanor Rigby」に出てくるふたり。エリナー・リグビーは、映画『ヘルプ！（Help!)』（邦題『ヘルプ！４人はアイドル』）でアーメ女官役を務めたエリナー・ブロンのファースト・ネームと、ブリストルにあった『リグビー』というブティックの名をかけ合わせて、ポールがデッチ上げた名前だ。そしてファーザー・マッケンジー、つまりマッケンジー神父について、ポールは最初、自身のファミリー・ネームを使ってファーザー・マッカートニーにしようと考えていたらしい。が、fatherには"父親"の意味がある。かくして"自分の実の父が誰も聞こうとはしない説教の内容を考えるような寂しい男なんて唄うのもちょっと……"と考えて、苦し紛れに電話帳を引っ張り出してこの名前を見つけたという話が伝えられている。

　マッカートニーもマッケンジーもアイリッシュ特有の苗字だ。自身のルーツであるアイルランドには、特別の想いがあったのだろう。ちなみにビートルズのメンバーは、リンゴをのぞき３人ともアイルランド系。

Dr. Robert

『リヴォルヴァー』に収録された「Dr. Robert」の主人公で、実在の人物。ニューヨークにいたロバート・フライマンという、"スピード・ドクター"なる愛称を持っていた医師だ。このフライマン、現役の時には著名人に覚醒剤やLSDを喜んで投与していたというファンキーな男。ビートルズも

当然その恩恵を被っていたのだが、そんな医師を賞賛するような曲を書いたジョンの大胆さには脱帽だ。

　なおジョンはこのロバートという名前を使おうと思いついた時、ボブ・ディランのことも頭によぎっていたのではないかと思われる。ディランの本名はロバート・アレン・ツィマーマン、メンバーにマリファナを教えたもディランだ。彼こそがメンバーをドラッグの世界に引きずり込んだ張本人なのだ。

Lucy

　ダイヤモンドを持って空の上にいる女の子がどうしてルーシーだったのかの理由は単純。ジョンの息子で、当時は保育園に通っていたジュリアンが、実際にルーシーという名の同級生がそうしている絵を描いたからだ。そんな絵を見て曲を作ろうととっさに考えたジョンの創作意欲はたくましいものがあるが、その同級生の名前をそのまま使ったところはちょっと安易な気も。直情型の彼らしい。

Mr. Kite

　「Being for the Benefit of Mr. Kite」のカイトさんも実在の人物。19世紀にイギリスで活動していたサーカス一座のボードヴィリアンの名だ。アクロバティックな芸を得意としていたため空を飛び回るkite、凧という名前にしたのだろう。

　なおこの曲は、ジョンがロンドンの南東にあるケントのアンティーク・ショップで見つけたその一座のポスターに感銘を受けて生まれたもの。歌

詞はほとんどが、そのポスターにある言葉からの引用だ。

　ちなみにビートルズの曲には、ほかにもこのテの引用が結構ある。『ザ・ビートルズ』収録の、ジョージ作「Savoy Truffle」はその顕著な例だ。この曲の歌詞は、甘党のエリック・クラプトンが持っていたチョコレートの包み紙にあった言葉を彼が並べたもの。

Vera, Chuck, Dave

「When I'm Sixty-Four」に出てくる、64歳の時にいるであろう孫を想像してポールがつけた名前。ヴェラは女の子でチャックとデイヴは男の子だ。メロディとリズムに乗りやすいからこんな短い名前を使ったのだろう。どれもイギリスではかなり一般的なファースト・ネームで、いかにもポップスの王道を進むポールらしいネーミングだ。

Rita

「Lovely Rita」で "ミター・メイドのかわいいリタ" と唄われたリタは、メタ・デイヴィスという交通警察官の女性をモデルにしたもの。ミター・メイド、meter maidは女性の交通取締官を意味するアメリカのスラングだ。ポールは実際に一度、そのメタ・デイヴィスという女性警察官に駐車違反の切符を切られたことがあり、その時のことを下地にしてこの曲を書いた。が、この曲はそのリタ、つまり切符を切ったメタへの怒りを表すのでなく、モーションをかけるような内容。そんなに美しい警官だったのか。

Jude

"悪く受け止めるなよ、悲しい歌だって楽しくできるんだ"と「Hey Jude」で唄いかけるジュードは誰もが知るように、ジョンと最初の妻シンシアとの子どもであるジュリアンのこと。この曲はジョンがヨーコに夢中になり、シンシアとの関係が険悪になったことを嘆いていたジュリアンを励ますためにポールが書いたものだ。もともとは「ヘイ・ジュールス (Hey Jules)」だったのを (ジュールスはジュリアンの愛称)、一般性を持たせるために、柔らかい響きのこちらに変えたという経緯がある。ポールはそのことについて、*I thought that sounded a bit better.* (そのほうがいい感じに耳に響くから) とのコメントを残している。が、こう変えたウラには、なんとしてもシングルのサイドAにしたかったからという気持ちがあったらしい。だから、ジュードは正当なポップ・メーカーを目指す意識と、意地とが混ざり合って生まれた名前なのだ。この経緯(いきさつ)はちょっと面白い。

　Judeという言葉はドイツ語で"ユダヤ人"を表す言葉でもある。ポールはそのことを知らず、この曲の発表当時に宣伝のため、アップル・ブティックの窓にこのタイトルを派手に書いたことがある。これがロンドンにいる大勢のユダヤ人から、反ユダヤ主義を喧伝(けんでん)していると誤解され、大きな反発を食らったことがあった。

Lady Madonna

　ポールは当初、聖母マリア、ヴァージン・メアリーのことをイメージしてこの曲を書き始めたらしい。"貞淑で美しい"イメージのあるマドンナという名を使い、そこにレディ (貴婦人) という敬称をつけたのもそれが

理由だったのだ。が、書き進めるうちに、普通の労働者階級の主婦を描いたほうが面白いだろうと思い直し、"どうやってやりくりしてるんだい"とか、"金は天からの贈り物だと思ってたのかい"なんて唄うパートを作った、というわけだ。彼自身、ごく一般的な母親には思い入れがあったようで、

　　It's really a tribute to the mother figure, it's a tribute to women.
（これは確かに母親像、女性たちに奉げたものだ）

とこの曲に関して語ったことがある。

　当初イメージしていたヴァージン・メアリーについていうと、メアリーはポールの実の母の名前。自分にとっては聖母のようだったその母のことを思い浮かべていたのだろう。が、その半面、どこにでもいる主婦だから……なんて思考の変遷があってこうしたのではないかと思われる。じつはポールもジョンに負けず劣らず、マザコンだったのだ。彼が14歳の時にその母親がガンで死んだ際には、かなり取り乱したという話も伝えられている。また、最初の妻であるリンダとの初の子どもには、メアリーという名前をそのままつけているのだ。

Chairman Mao

"コイツの写真を持ち歩いても何も変えられない"と「Revolution」で唄ったチェアマン・マオ、マオ主席は、中華人民共和国を建国した毛沢東のこと。英語ではMao Zedongとつづる（発音は"マオ・ゾートン"なんて感じだ）。

　毛について、暴力的な革命を嫌っていたジョンは否定的で、ジョン&ヨ

ーコ／プラスティック・オノ・バンド・ウィズ・エレファンツ・メモリーの名義で作られた『サムタイム・イン・ニューヨーク・シティ（Sometime in New York City）』のジャケットには、その毛を揶揄するかのように、リチャード・ニクソンとともに裸踊りする合成写真を使ったりもしている。その半面、若かりし頃は毛の著書を愛読し、その教えを参考にして物事を決めたこともあったという。熱しやすく冷めやすいジョンらしいエピソード。

Desmond, Molly

「Ob-La-Di, Ob-La-Da」に出てくるこのジョーンズ夫妻は、ポールが考えた架空の人物。家で化粧をするような女装男性っぽいデズモンドと、バンドのシンガーであるモリーというちょっと奇抜なカップルに、こんなありふれた名前をつけているところがどことなく笑える。デズモンドが20カラットの指輪を買ったり、子どもたちが庭を駆け巡ったりと、具体的な描写が多い曲だが、この名前からもふたりの人物像や風貌が想像できるところがかなりいい。ポールのストーリー・メイキングの妙が出た感じだ。

Bungalow Bill, Captain Marvel

「The Continuing Story of Bungalow Bill」の主人公のバンガロー・ビルは、アメリカ西部開拓史時代のヒーローだったガンマンのウィリアム・フレデリック・コーディ少佐のニック・ネームである、バッファロー・ビルをもじったもの。射撃の名手で数百万頭にも上る水牛、バッファローを

撃ち倒してヒーロー扱いされたその少佐の、その後の人生を描こうとして
ジョンが書いた曲なのだ。"何を撃ち殺したんだい?"なんて歌詞があると
ころにその意図は、明快に表れている。

キャプテン・マーヴェルは1940年代のアメコミのスーパー・ヒーロー
で、そのバッファロー・ビルのことを描いたもの。ジョンは古き時代のア
メリカに、特別な想いを持っていたようだ。

Sir Walter Raleigh

「I'm So Tired」で"このバカなクズを呪う"と唄われたウォルター・ロ
ーリー郷は、16世紀から17世紀に生きた廷臣。ジョンは歴史を勉強して
いたようだ。そのローリー卿は、イギリスに喫煙の習慣を広めたとされる
人物。この曲には、"気が動転するほど疲れてるけど、タバコをもう1本
……"という歌詞がある。ということは、自分がタバコをやめられないの
はこのローリーのせいだ、とジョンは考えていたのか。

ちなみにこの曲の最後には、ジョンのモゾモゾとしたつぶやきがある。
これは当時流布されていたポール死亡説を裏付ける言葉だといわれたこ
ともあったのだが、実際は*Monsieur, monsieur, how about another
one?*(ダンナ、ダンナ、[タバコを]もう1本どう?)といったもの。呪っ
たあとにこんなふうにいうジョンは、やはりかなりの皮肉屋だ。

Julia

『ザ・ビートルズ』のサイドBラストの曲のタイトルにされたこの名は
ズバリ、ジョンが17歳の時に交通事故で死んだ、彼の母親。が、じつは

ヨーコのこともダブらされている。曲のなかに"ジュリア、海の子……"
と唄われるところがあり、海の子、つまり洋の子、というわけだ。この
「Julia」、そんなことを考えると、彼のマザコンぶりがよく出たナンバーだ
といえる。8歳も年上のヨーコにジョンがひかれたのは、母性を強く感じ
たからでもあったのだ。

Mr. Jones

「Yer Blues」で"ディランのミスター・ジョーンズみたいだ"と唄われ
たジョーンズさんは、ボブ・ディランの「バラード・オヴ・ア・シン・マ
ン」(邦題「やせっぽちのバラッド」) に出てくる、自分の周りで起こる出
来事を理解できない人物。"みたいだ"のところをjust likeとしたのは、
やはりディランの「ジャスト・ライク・ア・ウーマン」(邦題「女の如く」)
を意識してのことだろう。ジョンはこの曲でディランを皮肉っていると
考える意見もあるが、これは彼が好きな言葉遊びの産物だと考えたほう
が適切だと思われる。

The King of Marigold,
The Duchess of Kirkcaldy

「Cry Baby Cry」に登場するマリゴールド国王とカーカーディ侯爵夫人
は、それぞれフィリップ王配とエリザベス女王のことを遠回しにさしてい
るように思われる。王配、つまりキング (国王) に朝食を用意させ、お茶の
時間にはいつも笑顔で遅れて現れるような、この上なく優雅な生活をして
いるのが女王だというわけだ。そんな女王である母親を、"どんどん泣い

てため息をつかせちゃえ"と唄うこの曲は、徹底して女性上位の女王やイギリス王室をあざけっているようにも受け取れる。が、描かれるのは、ルイス・キャロルの童話を思わせるような幻想的な世界だ。これはジョンの空想の産物だろう。

ちなみにカーカーディはスコットランド東部にある都市の名前。フィリップ王配がエディンバラ公（Duke of Edinburgh）の爵位を持つため、エディンバラと同じスコットランドの、この都市の名を使ったのだろう。そのduchess、夫人の名のマリゴールドは、イギリス人が好む花。ジョンの遊び心が感じられるネーミングだ。

Jojo, Loretta Martin

「Get Back」に出てくるふたり。カリフォルニアのグラス（草）を求めてアリゾナのトゥーソンの家を出たジョジョは、ジョンのことだといわれている。グラス、つまりマリファナを覚えて遠くへ行ってしまったジョンに、"もとのところに戻って来いよ"というわけだ。"遠くへ行ってしまった"には、"ヨーコに夢中でビートルズに関心がなくなってしまった"の意味があるともいわれる。

ロレッタ・マーティンのロレッタは女性の名で、マーティンは男の名前。唄われているように、"自分では女だと思ってるけど、じつは男だったんだ"という人物で、これは、当時は新参者だったのにビートルズをかき回していた、男勝りの女であるヨーコのことをさしているともいわれている。真相は不明なのだが、もしそうだとしたら、バンドを顧みないことを、家を出て遠くに行ってしまうことにたとえ、男のような性格の持ち主の女

のことを、性別不明の名前で表したわけだ。ポールの表現の妙が感じられる。

Peter Brown

「Ballad of John and Yoko」(邦題「ジョンとヨーコのバラード」) で、パリにいるジョンとヨーコのところに電話をかけてきたこのピーター・ブラウンは、実在の人物。ブライアン・エプスタインのパートナーとしてキャリアをスタート、のちにアップル・コアの重要職に就いた、メンバーからも信頼を寄せられていたビートルズのスタッフだ。ジブラルタルで行われたジョンとヨーコの結婚式では、介添人も務めている。

この「Ballad of John and Yoko」、ふたりの結婚にあたっての騒動をこと細かにつづった、ビートルズにしては珍しくドキュメント・タッチの曲だ。ドキュメントならば、実名を出してもいいだろうとジョンは考えたのだろう。

Joan, Maxwell Edison, Rose, Valerie

「Maxwell's Silver Hammer」を彩る人物。まずジョウンはマックスウェルに銀のハンマーで殴り殺されてしまう、大学で物理学を専攻する女学生。ジョウンを殴り殺したそのマックスウェル・エジソンは、先生や裁判官をも殺そうとする殺人狂だ。そしてローズとヴァレリーは、裁判でマックスウェルの釈放を叫ぶ、マックスウェルの同調者。

ジョウンはジョンの女性形。マックスウェル・エジソンはスコットランドの物理学者ジェイムズ・クラーク・マックスウェルとトーマス・エジソ

ンをつなぎ合わせたものだと思われる。ローズとヴァレリーはリズムと
メロディに乗せやすいとして、ポールが選んだ名だろう。ちょっと物騒な
内容が唄われたこの曲に、テンポよく響くこんな人物名を登場させること
で、ポップなタッチを出しているところはポールらしい。

　また余談になるが、ジョンはこの曲を気に入っておらず、Paul's
granny music（ポールのオバアチャン・ミュージックだ）といったことが
ある。皮肉屋の彼らしい言葉だ。

Mr. Mustard

『アビー・ロード』収録の「Mean Mr. Mustard」の主人公で、公園で寝
起きするホームレスの名前。この曲名にあるmeanは"意味する"でなく、
"卑しい"だとか"みすぼらしい"を意味する形容詞だ。そしてmustardは
"辛子"。イギリス人は概して"練り辛子"のことをイングリッシュ・マス
タード（English mustard）というのだが、それほど辛子はイギリス人に
とって身近な香辛料というわけだ。当時イギリスにはホームレスが多く、
当たり前に身近にいる状況を嘆こうとしていたのか。

　なお『アビー・ロード』でこの曲に続く「Polythene Pam」のパン、こ
れはパメラ（Pamela）の愛称なのだが、そのパンはマスタード氏の妹と
いう設定だ。

B.B. King, Doris Day, Matt Busby

「Dig It」でCIA、FBI、BBCに続けてジョンが連呼する人物の名前。
B.B.キングはいわずと知れた、2015年に死去したブルースの巨匠。ドリ

ス・デイは「ケ・セラ・セラ」のヒットで有名な、20世紀半ばに活躍したアメリカの女優／シンガーだ。そしてマット・バスビーはサッカー・チームのマンチェスター・ユナイテッドの、当時の監督。

　B.B.キングはBBCと語呂が近いからととっさに思いついたものだろう。ドリス・デイは、"ならば往年の有名人を続けちゃえ"という考えで出てきたものだと思われる。そうして"有名人ならば誰でもいい"と思ってマット・バスビーを、なんて感じで続けたのではないだろうか。どうあれこうしてポンポンといろんな人の名前を口にしていたジョンは、かなり特異な表現者といえそうだ。"忌野清志郎！　江利チエミ！　長嶋茂雄！"なんて立て続けに叫んでいるようなもの？

　また余談ながら、4人ともサッカー・ファンで、サッカーくじを買うことがよくあったらしい。が、ほとんど当たらなかったという。

Johnny, Elmore James

「For You Blue」の間奏の時に、ジョージがいった言葉に出てくる人物。あまり馴れないスライド・ギターを弾くジョンに、まずは*Go Johnny go*（どんどん行けジョニー）とけしかけるようにいっているのだが、これはチャック・ベリーの「ジョニー・B・グッド」の歌詞をそのまま使ったもの。ジョニーはジョンの愛称なので、この言葉が素直に出てきたのだろう。

　そしてエルモア・ジェイムズは20世紀半ばに名を馳せた、スライド・ギターの名手だったアメリカのブルース・ギタリスト。やはりジョンがスライド・ギターを聴かせたそのあとの間奏で、ジョージは*Elmore James got nothin'on this, baby.*（これはエルモア・ジェイムズじゃないぜ）と

いっているのだ。ロックンロールやブルースなど、ルーツ・ミュージック
には、やはりみんな、愛着があった。

Denis O'Bell

　アナログの時代、「Let It Be」のシングルのサイドBになった「You
Know My Name [Look Up the Number]」に出てくる、『スラッガー』と
いうクラブでパフォーマンスをするバンドの中心人物。曲ではそのパフォ
ーマンスの司会をジョンが、そのオーベルをポールが演じている。

　このオーベルという名前は、当時アップル・フィルムの重役だったデニ
ス・オーデルの名前をアレンジしたもの。クラブのパフォーマンスから開
演のベルを思い浮かべて、こんなふうにしたのだろう。それにしてもジョ
ンは、O'Boogie、O'Reggaeなど（95ページ参照）、O'で始まるアイルラ
ンド系の名前がかなり好きだったようだ。

2章

ネーミングセンス
関連企業の名前から、
ニック・ネーム、ペットの名前まで

スティーヴ・ジョブズも
魅了したネーミング力

Apple

アップル（正式名称Apple Corps Ltd.）はビートルズのメンバーによって設立された企業だが、この企業の成り立ちなどについて少し明らかにしておきたい。

設立は1968年。ビートルズやメンバーのソロ、そしてメンバーが気に入るアーティストのレコードを制作、販売することをおもな目的にしてのことだった。が、スタートにあたって、ジョンは「ビジネスのシステムのなかで、アートの自由を確保するために」と、ポールは「人に夢を提供する共同体に」などと会見で語っている。これらの発言からもわかるように、レコード事業はその一部に過ぎず、実際はアートやエンターテインメント全般の普及を目的とした企業体だった。

事実、このApple Corps Ltd.（"アップル・コア"と一般的には呼ばれていた）の内部には、レコード事業を手がけるアップル・レコード（Apple Records）のほか、デザイン性の高い家電の製造販売を目的としたアップル・エレクトロニクス（Apple Electronics）、オリジナルの映画を製作、配給するアップル・フィルムズ（Apple Films）、そして曲の著作権を管

理するアップル・パブリッシング（Apple Publishing）、また“美しい品物が買える美しい店”をうたい文句にしたアップル・ブティック（Apple Boutique）を取り仕切るアップル・リテイル（Apple Retail）など、いくつもの部門があった。

　それ以外にも、レコーディングができるアップル・スタジオ（Apple Studio）を持ち、若いアーティストを援助するための財団なども作っていた。さらには自分たちの子どもに理想的な教育を受けさせるためのアップル・スクール（Apple School）の設立も計画されていたほどだったのだ。

実際は杜撰だったアップル・コア

　これだけの大事業を一挙に始めるなど、さすがは大成功を収めたビートルズ、といった感じだ（じつは税金対策だとみる向きもあるのだが）。しかしながらこのアップル・コア、ヴィジョンは高尚だったものの、実際の企業運営は放漫そのものだったのだ。

　スタッフは日常的な業務もロクにせず、社費で購入された高価車を乗り回す毎日。そしてロンドン市内の一等地のサヴィル・ロウに設けられたオフィスでは、パーティが日夜繰り広げられ、経費で高級シャンパンやキャヴィアをデリヴァーしていた。このレーベルから数枚のレコードをリリースしたメリー・ホプキンは、「信じられない額の大金が毎日のように使われていた」と当時を振り返って呆れている。それだけ彼らの放埒さが目に余ったということなのだろう。

ジョブズのアップルとはえらい違い

　アップルの杜撰さを物語るエピソードはほかにもある。時代をしのばせて興味深いため、もう少し記しておきたい。

　まずはアップル・ブティックについて。シャーロック・ホームズの本拠とされるベイカー・ストリートにあったこのブティックは、店舗の外壁に描かれたサイケデリックな絵画が悪趣味だとして、オープン当初から不評を買っていた。さらに、いつしか得体の知れないヒッピーの溜まり場になり、彼らが上げる嬌声などが、周辺住民の顔をしかめさせることにもなる。店員も店員で、売り上げを着服するものや、店内に寝っ転がってマリファナを吸うものもいた。店員たちは接客業務などロクにしなかったため、ヒッピーたちは万引きし放題だった。そのため経営はすぐさま破綻、10か月足らずで閉店という憂き目に遭っている。閉店に際しては、店に残っていた商品を無料で放出したというから呆れるとしかいいようがない。

　アップル・スタジオもまた、かなりひどいシロモノだった。設計者はアレクシス・マーダスなる、いささかいい加減な自称"発明家"。彼は音や閃光をいきなり発するブローチだとか、電気を流すと光るペンキなどという愚にもつかないものを作ってはメンバーにプレゼントしていた、エキセントリックな人物だ。そんなプレゼントにメンバーは喜んでいて、ことにジョンは"マジック・アレックス"というニック・ネームでかわいがっていた。そのジョンの強い推薦があってアップル・エレクトロニクスの社長に迎えられ、スタジオの設計も依頼されたのだが、いざでき上がったものはというと……。

「世界一新しいスタジオを作ってみせる」とマーダスが豪語したそのスタ

ジオには、録音スペースとコンソール・ルームをつなぐインターコムすら
なかった。さらに、録音スペースの中央にドンと置かれた空調設備が常に
ノイズを発し、演奏のジャマをするばかり。オマケに "72という壮大なト
ラック数を誇る" はずだった（アビー・ロード・スタジオがやっと8トラ
ックを導入したばかりの頃のこと）コンソールはまったく使いものになら
ず……。後日、そのコンソールは、エッジウェアという、東京でいえば秋
葉原のような電気街のジャンク・ショップに売却されることになる。この
時の買い取り価格はたったの5ポンドだったというから、これはもう、ほ
とんど笑い話だ。

　このように当初メンバーが持っていたアップルのヴィジョンは高尚で
あったものの、実際は現実を知らないナイーヴな理想主義者のはかない夢
にすぎなかった。このアップルのスタートは、ビートルズにとって大きな
失敗だった。そしてこのことが解散の遠因になっていたと個人的には考え
ている。

　なおアップルの設立〜挫折の経緯、そしてそれがどうして解散につなが
ったのかなどについては、拙著『「人間・ビートルズ」入門』に詳しく記し
てあるので、よろしければご参考に。

あえて、音楽から離れたネーミングを使う

　前置きが長くなったが、このappleという名称に関して。

　appleはもちろん果物の "リンゴ" を意味する単語だ。新事業を総称す
る名として、どうしてこんな言葉が使われることになったのかは定かで
はない。子どもがいちばん最初に覚える文字がappleの最初にあるAだか

らわかりやすくていい、というので決めた説が一般的だ。が、ほかにも、旧約聖書で史上初めての人間とされるアダムとイヴゆかりの果物にあやかったという説、また、リンゴ・スターのファースト・ネームが日本語でappleを意味する言葉だから、という珍説もある。

　それはさておき、新しく立ち上げる壮大な事業の総称として、こんなあ・りふれた果物を意味する単語がふさわしいのか？　当時はそんな疑問を抱いたファンもいたに違いない。レコード・レーベルの名にしても、ここまでシンプルな言葉は使われていない時代だ。ビートルズと関係があったレーベルだけみても、パーロフォンやキャピトルはどことなく意味深な響きがあるし、オデオンもエンターテインメントに関連した（オデオンはギリシャ語で"劇場"の意味）言葉だ。そんななか、誰もがごく普通に口にする、俗っぽいともいえる、このapple。"なんでもアリ"という考え方が今ほど受け入れられていなかった当時、事業の総称としては奇異に響いただろう。

リンゴはジョンとポールにとって特別だった!?

　ではなぜこんな、ありふれた言葉を使うことになったのか。これはメンバー、とくにジョンとポールにとって、リンゴという果物には特別な思いがあったからではないかと筆者は考える。

　リンゴについて、ジョンにはこんなエピソードがある。ヨーコと緊密な関係になる前のことだ。友人に勧められてヨーコの個展を訪れたジョンは、テーブルの上にリンゴがポツンと乗せられたユニークな作品を見つける。そして何を思ったか、彼はいきなりそのリンゴにかぶりついてしま

　ったのだ。そんな行為に、当然ながらヨーコは唖然としたが、同時にジョン・レノンという人物を強く印象づける結果になった。この時のことをのちに、「目の前に食べるものがあれば、口に入れるというのは自然な行為でしょう。そんな当たり前のことが自然にできる人なんだと思った」と彼女は回想している。ジョンのその行為には、自然体でアピールする何かがあったということだろう。ちなみにこの時期、ヨーコはビートルズについて、ほとんど何も知らなかったらしい。

　ジョンもヨーコに対しては、同様の気分を抱いたはずだ。彼はこのユニークなアート作品を面白がるだけでなく、素材に使われていたリンゴを手に取って食べてしまうというアクティヴな行動をとった。これは作者であるヨーコという人物に、ひとかたならぬ興味を抱いたことの表れだと思われる。

　ジョンがヨーコにひかれたきっかけは、彼女の個展に行き天井に取りつけられたキャンヴァスに"YES"と小さく記されたアート（「天井の絵」というヨーコの作品」）をジョンが観たことだとされている。梯子を登り虫眼鏡でのぞくと"YES"と書かれていたため、その肯定感に感激した、という話は伝えられているが、その前後にこんなこともあったのだ。いってみればリンゴもふたりの仲を取り持っているわけだ。

　そしてポールにとっても、リンゴはちょっと特別なものだったことが伝わるエピソードがある。アップルにはリンゴが使われた、この企業を象徴するマークがある。じつはこのマーク、ポールが持っていた絵画がもとになったものだった。ベルギーのシュールレアリズム画家である、ルネ・マ

グリットの『青いリンゴ』という絵画がそれだ。

彼がその絵画を手に入れたのは、ただ単に自分の好きなマグリットの作品だからだったのかもしれない。しかし、それを鑑賞するうちに、アップルという名を持つ果物が自然と脳裏の片隅に焼きついてくる。かくして無意識のうちにリンゴを意識するようになり……。そんなふうに、リンゴはふたりにとって因縁の、というほどではなくとも、いわくのある果物だった。だからこの新事業の総称を決める際に、ジョンからなのか、またポールからなのか、どちらからともなくこの果物を意味するアップルという言葉が出てきた……。そしてジョージやリンゴも、"よくある音楽系企業のような、いかにも音楽を思い浮かばせるような言葉を使うのでは面白くないし、それも悪くないんじゃないか……"として同意、それに決めた。そんな、わりに軽い過程を経てこう決まったのではないかと筆者は思っているのだが……。もしそうだったとしたら、やはり直感で動くビートルズらしいネーミングだ。そして、そんなありふれた言葉だからこそ、ファンに"どういう真意があるんだ"と考えさせる、イマジネーションを喚起させるものになっている点もいい。そこにもビートルズらしさが出ている。

アップル対アップル

近年では"アップル"という言葉からは、ビートルズのアップル・コアでなく、マッキントッシュで有名なアップル・コンピューター（Apple Inc.

が正式名称）を思い浮かべる方が圧倒的に多いだろう。

　このApple Inc.の社名は、創始者のスティーヴ・ジョブズが考え出した ものだとされている。フルータリアン（乳製品もとらない厳格な菜食主義 者）であるジョブズが、リンゴ農園に行ったのちに直感的に思いついたも ので、「楽しげで元気がよく、威圧的でないから」Appleにしたということ だ。

　だが、この"リンゴ農園に……"という経緯は、定かではないらしい。ジ ョブズとともに共同でこのアップルを立ち上げたスティーヴ・ウォズニア ックは、「ジョブズは音楽が好きだったから、ビートルズのアップル・コア から思いついたのかもしれない」と述べているのだ。

　ジョブズはボブ・ディランとジョン・レノンのファンで、自社のプレゼ ンテーションの際、ディランの詩を朗読したり、ビートルズのレコード・ ジャケットを使ったりしたことがある。そんなことをふまえると、アップ ルという言葉はリンゴ農園の帰りに直感的にひらめいていいと思ったも のだったとしても、社名にまでしたのは、好きなビートルズがかつて同じ 名を持つ企業を立ち上げていたという歴史があったからなのではないか と考えられたりもする。ビートルズがこれまでの慣習にとらわれないトラ イをしていたことに、起業家として力づけられ、これに決めたのではない か。

　コンピューターのアップルの、リンゴの形が描かれたシンプルなロゴマ ークが、アップル・コアのそれとよく似ていることも、偶然ではないよう に思えてくる。まあ、こちらのマークのリンゴの右の部分が少し欠けてい るのは、ヨーコの作品に使われた、ジョンがかじってしまったリンゴの形

をイメージしたからだ……、などというのはちょっと考えすぎかもしれないが。

　なおそのロゴマークとアップルという社名について、コンピューターのアップルと、ビートルズのアップル・コアとの間で、使用を巡って裁判で争ったことがある。1970年代後半から今世紀初頭にかけてのことだ。両社は一度、80年代初頭に和解している。和解案はコンピューターのアップルが音楽事業を行わないことと、アップル・コアがコンピューター事業を行わないことだった。だが、今世紀に入ってコンピューターのアップルがiPodやiTunesを開発。これが音楽事業参入にあたるとして、再度訴訟問題に発展したのだ。

　この再訴訟も2007年には和解している。この時の和解案は、コンピューターのアップルがアップル・コアに5億ドルを支払って関連する商標権を保有、アップル・コアはライセンスを得てその商標を使用することを約束するというものだった。

　ナイーヴな理想から始まり、早くに挫折したアップル・コアだが、その波紋はこんなふうに、ごく近年にまでわたっている。ビートルズが時代を超越した存在であることは、音楽に限った話ではなく、ITビジネスにもおよんでいるのだ。

関連企業のネーミングにみられる遊び感覚①

Zapple

Zapple

　ビートルズが1968年に立ち上げたApple（アップル）にはサブ・レーベルもあった。実験的で、あまり一般性のない音楽を中心に扱うところで、名はザップル、スペルはZapple。活動期間はそう長くなく、リリースされたのは1969年の、ジョン・レノン／オノ・ヨーコ名義による『アンフィニッシュド・ミュージックNo.2：ライフ・ウィズ・ザ・ライオンズ（Unfinished Music No. 2: Life with the Lions）』（邦題『未完成作品第2番：ライフ・ウィズ・ザ・ライオンズ』と、同年のジョージのソロ『エレクトロニック・サウンド（Electronic Sound）』（邦題『電子音楽の世界』）の2作だけで、実現しなかったが、詩の朗読など音楽以外の作品のリリースも計画されていたらしい。

　オリジナルな音楽と真摯に向き合うアーティストであれば、誰しも一度は、こうしたちょっと極端で変わった表現をしたくなるものだ。そのアップルからの初めての作品である通称"ホワイト・アルバム"、2枚組の『ザ・ビートルズ』でビートルズは（というよりもジョンひとりの曲だが）「Revolution 9」という前衛的で難解な曲を披露していることにもそれは表れている。しかしながら、ふだんのポップなナンバーとそうした曲を同列に並べるのは少し気が引ける。そんな考えからサブ・レーベルを作り、

実験作はそのサブから、ということにしたわけだ。

何気なくもシャープな切れ味

　母体のアップルと同じく、こちらのサブの名もまた、シャープだ。Kappleでも Mappleでも Tappleでもなく、Zapple。アルファベットのいちばん最初のaで始まるappleの前に、いちばん最後のzを持ってくるというシンプルこの上ない発想で、ポップ・ミュージックを扱う母体とはまったく逆に向くレーベルの性格を、ものの見事に表している。

　これもやはりビートルズが初めてとされる、フェイド・インで曲をスタートさせた楽曲「Eight Days a Week」や、「I Feel Fine」でのギター・アンプのハウリングの音を使うなどといった、いわば "コロンブスの卵" のような、偶然の産物（ハウリングは、意図的にやったともいわれている）を活かすといったシンプルな発想と同じネーミング・センスなのだ。両曲とも、最初は奇異な印象を与えつつも、その奇異さが確かでわかりやすい特徴を与え、それゆえにリスナーたちの印象をぐんと深くしたナンバーだ。

　ザップルも言葉としての響きはかなり奇異だが、こんなふうに考えると、多くの人にその内実をつぶさに思い描かせる、まさに "体を表した" 言葉ではあるまいか。どうあれこの時期のビートルズは、シンプルこの上ない工夫から受け手をハッとさせる、切れ味のある音楽や言葉を作り出していた。まったくもってたくましいバンドだった。

　このレーベル、バップル、Bappleという名にしても面白かったのでは、などと個人的には思っている。aに続くbで始まることで、"アップルの

次に来るもの"なんて意味が表れるからだが、やはりザップルのほうが鋭い。が、もしかしてメンバーは、Bappleも考えなかっただろうか、などと勝手に想像していたりするのだが。

関連企業のネーミングにみられる遊び感覚②
Seltaeb

　ビートルズほどのビッグ・ネームになると、周囲にさまざまな関連企業が生まれる。1960年代には原盤や楽曲の著作権を管理する会社のみならず、かなりの関連企業があった。そのネーミングセンスにも遊びの精神が充分に活かされているのだ。

Seltaeb

　衣類やバッジなどの装飾品や、当時の彼らのトレード・マークにもなっていたモップ・トップ・ヘア（日本では"マッシュルーム・カット"といわれたヘア・スタイル）をかたどったウィッグなんていう、時代をしのばせるノヴェルティ商品のマーチャンダイジングを手がける会社。社名は「セルタエブ」。スペルはSeltaeb、Beatlesを逆からつづったものだ。

　デビュー前からバンドのマネージメントを手がけていたブライアン・エプスタインの提唱によって設立された同社のスタートは1963年。当時は、どんなに小さな、またプライヴェート性の高い会社の名前にも、固有名詞はあまり使われなかった時代だ。使われていたとしても、せいぜい"○○'s co. ltd."（○○［創始者のファミリー・ネームなど］株式会社）な

んて程度だった。その頃からしてこうした遊び心に満ちた、いや、悪ふざけといったほうがいいか、こんな言葉を思いついて堂々と社名にしてしまうあたりもビートルズらしい。"愛と平和のバンド"などと形容され、厳粛な存在のようにも語られているが、**ビートルズは本来、こうしてすべてを逆手にとってユニークなギャグを連発していた、ユーモラスこの上ないバンドだった。**

思いつきそうで思いつかないシンプルな発想

　ここにもやはり、ビートルズの音作りの独特な感覚と共通するものがあるように筆者には思える。**何かを逆にするという発想**が独特のタッチを生んだ曲が、いくつかあるからだ。

　たとえば『アビー・ロード』収録の、ジョン作の「Because」。これはヨーコがピアノで弾いていたベートーヴェンの「月光ソナタ」の楽譜を彼が、おふざけで逆にして弾かせてみたら面白いものになり、そこからできた曲。そして『リヴォルヴァー』の、やはりジョンが作った「I'm Only Sleeping」。この曲ではジョージのギター・ソロが、その、逆にするという発想を何度か重ねて仕上げられたものなのだ。

　まずジョージが普通に弾いたソロを、プロデューサーのジョージ・マーティンが採譜する。そしてその譜面を逆に並べ替え、逆にした譜面を再度ジョージが弾いてそれを録音する。続けてその録音テープを逆に回転させてやっと完成……、という、つまり一度逆さにしたものを、違う段階で再び逆さまにする、なんて面倒な過程を経てできているわけだ。

　ちなみにこのやり方を思いついたのはマーティン。マーティンも、メン

バーに負けず劣らず遊び心に満ちたアイデアマンだったのだが、それにしても、かなり凝ってはいながらもひどく単純な、が、**誰もが思いつきそうで思いつかないアイデア**といえまいか。

　関連する一企業の名前に、バンド名のスペルを逆にした言葉を用いるという考えも、これら音楽創作の発想とまったく同じ遊び心からだと考えて、なんらさしつかえないと思えるのだ。

ファンは一瞬戸惑いながらも真意がわかって大笑い？

　Seltaebというこの言葉が、当時のイギリスやアメリカのファンにどんな印象を与えたかはわからない。"なんじゃそれは？"と一瞬は思い、よく考えて大笑いする、なんて感じだったことは推測できるが、それにしても、譜面やギター・ソロ、そしてスペルを逆にするという、いってみれば子どもじみたような発想からオリジナルな、そしてまったく新しい感覚を持つ何かをビートルズは作り上げてしまっていたわけだ。つくづくすごいクリエイティヴィティを持ったバンドだったといわざるをえない。

　……そういえばかつて、日本に"ずうとるび"というバンドがあった。コミック・バンドのような一面もあったアイドル・グループだったが、「Because」や「I'm Only Sleeping」、そしてこのセルタエブのことなどを意識して彼らはこの名にしたのだろうか。なおセルタエブという、スペルもそのままの名を持つビートルズのコピー・バンドも今、日本にあるらしい。

関連企業のネーミングにみられる遊び感覚③

Northern Songs、 Mc＝Len、 Harrisongs、etc.……

　ビートルズの活動がすでにビッグ・ビジネスになっていた1960年代、関連した企業はいくつもあったのだが、その多くが先に記したセルタエブのように、ユニークな名前を持っていた。そのネーミング感覚にもメンバーの遊び心が表れていて面白いので、いくつかを簡単に紹介してみる。

Northern Songs

　これはレノン＝マッカートニーの楽曲の著作権を管理する出版社の名前だ。"北方の歌"とは、それほど突飛な名前ではないように思われるが、じつはこう名づけたウラには、メンバーのちょっとした想いがある。敬愛していたバディ・ホリーの著作権管理会社の名がサザン・ソングス（Southern Songs）だったため、それにあやかったのだ。ホリーはアメリカ南部のテキサス州出身。それに対して自分たちはずっと北の、イングランドはリヴァプールの出身。そこで南でなく北、ということでこの名にしたのだろう。好きなアーティストにあやかるところはかわいげがあるが、こんなふうにサザンをノーザンにしたところには、いかにもビートルズらしい茶目っけが感じられて面白い。

それにしても、自分たちのバンド名を、彼のバック・バンドのクリケッツという名前を参考にして考えたり、著作権管理会社の名前も彼のものにあやかって名づけたり……、ホリーは彼らにとって、アイドルだった。

Mc=Len

やはりレノン＝マッカートニーの楽曲の、印税を管理する会社の名前。著作権管理会社と印税の管理会社が別々というのも、ビートルズの活動がいかにビッグ・ビジネスだったのかをしのばせる事実だが、この名前だ。これは簡単に想像がつくように、ポールとジョンのふたりのファミリー・ネームであるマッカートニー（McCartney）とレノン（Lennon）の、最初の2文字と3文字をつないだもの。もとはレン＝マック（Len = Mc）だったのを、こうしたほうがスムーズだからとMc = Lenにしたらしいのだが、この**シンプルな足し算感覚も、曲作りの根底にあったコロンブスの卵的発想と通じるものがあるようで興味深い。**

Harrisongs

これはジョージの楽曲を管理する会社の名前。これもやはり簡単に想像がつくように、自身のファミリー・ネームのハリソン（Harrison）と、"歌"のsongsをかけ合わせた造語だ。マック＝レンと同様、足し算的な発想によるものだが、こちらのほうがシャレ心はほんの少し上か。それでも、いってみればこじつけのような、少しばかり子どもっぽいと思える言葉合わせの感覚には苦笑してしまう。小学生の頃、ゴジラ映画のことをよく話していた後藤という級友のことを、"ゴジラトウくん"などと呼んで

いたことがあったのをふと思い出してしまった。

　ほか、リンゴはスタートリング・ミュージック（Startling Music）という名の楽曲管理会社と、リング・オーレコード（Ring O'Records）という名前のレコード会社を持っていた。スタートリングはもちろん、自身のステージ・ネーム（本名はリチャード・スターキー）の"スター"から連想した言葉だろう。が、このstartling、"ビックリさせる"、"驚くべき"なんて意味だ。だからこれで、"驚かせるような音楽"といった意味になる。あとづけかもしれないが、"そんな音楽を提供したい"という考えもあって、名づけたのだろう。やはり他愛のないシャレ心によるネーミングだが、楽曲管理会社の名前としては、なかなか的を射ている。

　リング・オーレコードは、スペルからわかるように、やはりステージ・ネームのリンゴを分解したものだ。が、ちょっとユニークなのは、Ring-O Recordsとせず、Recordsの前にアポストロフィを続けたOを置いたこと。このO'で始まるオニール（O'Neal）やオサリヴァン（O'Sullivan）といった名前は、アイリッシュ特有のファミリー・ネームだ。じつはビートルズは、先述のように、ジョンとポール、そしてジョージがアイルランド系移民の子孫で、リンゴだけ祖先がスコットランド系。自身の会社にこんな名前をつけたということは、アイルランド系の３人がうらやましく、自分もそうであれば……、なんて意識があったのか。そんなことも勘ぐれて面白い。

ペットの名づけ方にも 4人の性格

　メンバーはみんな動物が好きで、それぞれでペットを飼っていた。その
ペットのネーミングにも、4人の個性が出ていて面白い。ここではそのこ
とについて。

　まずはジョンだが、彼は猫派だった。幼少の頃に預けられていたミミお
ばさんの家に猫がいたため、自然と猫に親しみを抱くようになったのだ。
当時から積極的におばさんの飼い猫の世話をしていたジョンは、ビートル
ズ時代にも4匹の猫を飼っていた。名前は**ミミ**（Mimi）、**ニール**（Neil）、
マル（Mal）、**ババギ**（ヒンディー語なのでスペルは略）。最初のミミはも
ちろん、世話になったおばさんの愛称（本名は"メアリ・エリザベス・スミ
ス"）から取ったものだ。続くふたつはビートルズのロード・マネージャー
の、ニール・アスピノールとマル・エヴァンスのファースト・ネームをその
まま使ったもの。ババギというのは、彼が知っていたヒンズー教の導師の
名前からいただいたものとのことなのだが、こんなふうに、周囲の人たち
の名前を安易に使っていたのはずぼらなところがあるジョンらしくて面
白い。

　ヨーコとともにニューヨークに移ってからも、彼の猫好きは続いてい
た。この時期には3匹飼っており、名前は**サーシャ、ミーシャ、チャロ**（ス
ペルは略）。ロシアふうの名だが、冷戦が尾を引いていた1970年代、彼は
ソ連に肩入れしていたということなのか。時の米大統領、ニクソンには否

定的だったジョンのこと、そんな意識がどこかにあってこんな名前にしたのかもしれない。

そののちのいわゆる"失われた週末"、ヨーコと別居してロサンゼルスで荒れた生活を送っていた時期にもまた、猫は彼のそばにいた。この時は白と黒のペルシャ猫で、名前は白のほうが**メジャー**（Major）で、黒が**マイナー**（Miner）。黒人蔑視っぽい響きも感じ取れるが、どことなく笑える名前だ。

ポールはどうか。彼はジョンとは逆に犬派で、ビートルズ時代には**マーサ**（Martha）という名のイングリッシュ・シープドッグと、**アルバート**（Albert）というヨークシャーテリアを飼っていた。『ザ・ビートルズ』にあるポール作の「Martha My Dear」はそのイングリッシュ・シープドッグのことを唄った曲だ。ソロ・アルバムの『ラム（Ram）』の「Uncle Albert／Admiral Halsey」（邦題「アンクル・アルバート〜ハルセイ提督」）は、そのヨークシャーテリアとは無関係のようだが。

ビートルズ解散後に彼が飼ったのはラブラドール・レトリーヴァーで、名前は**ジェット**（Jet）。このレトリーヴァーのことが唄われているわけではないが、ウイングスのヒット曲の「Jet」というタイトルは、この犬の名をそのまま使ったものだ。マーサにしろこのジェットにしろ、飼っていた犬を曲に結びつけるあたりには、根っからのソングライターであるポールの人間性が表れているようで興味深い。なお彼は犬のみならず、動物は全般的に好きで、のちにイギリス南東部にあるサセックスに広大な土地を手に入れて、そこで犬や猫、鳩やニワトリなどに加えてヒツジやヤギ、

馬や鹿などを飼っていたことがある。2作目のソロ・アルバムのタイトルが"牡羊"の意味のramで、ウイングスの名作『バンド・オン・ザ・ラン(Band on the Run)』には"ルリツグミ"の意味のbluebirdというタイトルの曲があることにも、動物好きな性格は出ている。

そしてジョージだが、彼はジョンと同様に猫が好きだったようで、最初の妻のパティといっしょの時にはシャム猫とペルシャ猫を飼っている。名前はそれぞれ**コーキー**(Cocky)と**ルーパート**(Rupert)、どちらも彼が子どもの頃に親しんでいた漫画のキャラクターの名を取ったもの。20代半ばからインド哲学に傾倒するなど、老成したようなところがあったジョージにも、無邪気な一面があったようだ。

リンゴはイギリス人にしては珍しく、犬がちょっと苦手だったらしい。が、やはり最初の妻のモーリンと結婚して子どもができてからは、その子どもにせがまれて、3匹の犬を飼うようになっている。**デイジー**(Daisy)、**ドノヴァン**(Donovan)、**タイガー**(Tiger)という名のエアデール・テリアだった。デイジーは、ジョージが好きだった花の名から、ドノヴァンは1960年代に名を馳せた、ビートルズとも交流があったグラスゴー出身のシンガー・ソングライターの名からそれぞれ取ったもの。タイガーはちょっと臆病な犬だったため、"強くなるように"という願いを込めてつけたものらしい。……こんなふうにみると、リンゴもジョンと同様、やや安易なところがあって面白い。

3章

4人の言葉使いから
それぞれの個性を探る

ジョン・レノンの言葉

On the next number, would those in the cheap seats clap their hands? The rest of you, rattle your jewelry.

（次の曲では、安い席にいる方は手を叩いてくれますか？
ほかの席の方は宝石を鳴らしてください）

　王室ファミリーも列席して行われた、1963 年の『ロイヤル・ヴァラエティ・ショー』でのジョンの MC。お金持ちの王室メンバーをネタにした、ジョークだ。この MC がジョンの口から出てきたショーの場面は映像に記録されている。ここで面白いのは、客席の反応はいまひとつで、笑い声がほんの少ししか聞こえてこなかったことだったりする。

　それだけこの言葉のウラにあるジョークが伝わらなかったというわけだ。イギリスの王室は、日本における皇室とは違ってかなり庶民的で、国

民にとっては身近な存在だ。いかに絶大な支持を得ていたとはいえ、いちポップ・グループでしかないビートルズのショーをこうして王室のメンバーが鑑賞するわけだし、2002年にはエリザベス女王即位50周年を記念しての、ロックのコンサートが行われたような国なのだ。だが時は、今から半世紀と少し前の63年。いまだ王族に対しては古風な考え方を持ち、尊い存在として、ひたすら敬わなければならないと考える人は多かっただろう。その王族を半ば茶化したようなこんな言葉を、それもショーという公の場で発することなど思いもよらない……と考える人もいたに違いない。そんな風潮のもとでの、このMCだ。これをどうとらえればいいか……。

ジョンらしい武骨さ

英語的な文法も含めてちょっと考察してみたい。

まずwouldから始まる一文について、これは、People in the cheap seats, would you clap your hand?　としたほうがスムーズだろう。しかし、意図的にではないだろうが、those in the cheap seatなんて長めの句を主語にすることで**ゴツゴツした感触**が生まれていて、そこが武骨なジョンらしくてどことなく面白い。thoseのあとにはpeopleかaudiences（聴衆）を入れたほうがスムーズになるが、それを省いているのも同様だ。イギリスではメディアが抱くジョンのイメージも"武骨"だったらしく、2001年11月30日、つまりジョージが死去した翌日の『リヴァプール・エコー』に載った追悼記事の見出しは"Cute PAUL, Rugged JOHN, Shy GEORGE"（かわいらしいポール、武骨なジョン、はにかみ屋のジョージ）というものだった。

　またこのなかでcheap、そして続くところではrattleなんて言葉が使われているのもちょっと気をひく。cheapはご承知のように"（価格が）安い"の意味で、英語では時に"安っぽい"などといったネガティヴなニュアンスでも使われる。そしてrattleのほうは、"ガラガラ鳴る"、"ガタガタ走る"なんて意味の、ちょっと子どもっぽい響きのある言葉。つまり、安い席にいる人たちに対しては、あえて響きのよくない言葉を、またそうでないところにいる上流階級には、子どもが使うような言葉を使っているわけなのだ。

聴き手はみんな自分の子どものようなもの？

　ジョン自身、事前によく考えた上でこんなMCをしようとしたわけではなかっただろう。その場の思いつきで口から出てきたものであることは、映像でも見られる、この時のチャメっ気たっぷりの表情から充分に予想はつくが、こんなふうにcheapを一般庶民に使ったあたりには、自分はそのものたちと同類なのだと考えるゆえの親愛の念が、またrattleなんて言葉を上流階級に使ったところには、そうした人たちをどこかで蔑むような気持ちがジョンにはあった、そんなふうに思えるのだが……。

　ただ、そうはいってもすまし顔の上流階級はイケ好かない、だからコキ下ろしてやろう、というほどではなかっただろう。rattleは乳幼児をあやすオモチャの"ガラガラ"を意味する名詞でもあるのだが、そのことを考えると、rattle your jewelry.の一文は、"上流階級の皆さん、宝石をガラガラだと思っていい子にしてなさい"といおうとしていた、などとも曲解することができるのだ。彼にとって、演奏を聴いてくれる人はみんな、

自分の子どものようなものだったのかもしれない。客席にいた人たちは、こうしたちょっとヒネったシャレ感覚を、つぶさに理解できなかったということなのだろう。どうあれジョンの、根っからのユーモリストぶりがリアルに出たMCといえる。

Christianity will go. It will vanish and shrink. I needn't argue about right. I'm right and I will be proved right. We are more popular than Jesus Christ right now. I don't know which will go first — rock and roll or Christianity. Jesus was all right, but his disciples were thick and ordinary. It's them twisting it that ruins it for me.

（キリスト教は消えていくだろう。どんどんしぼんでいくんじゃないか。それについてとやかくいう必要はない。オレは間違ってないし、そのことはそのうち証明もされるだろう。今ではイエス・キリストよりオレたちのほうが有名だからね。どちらが先になくなるのか……ロックンロールかキリスト教かはわからない。イエスはいいと思うよ、でも弟子たちが凡庸だったんだ。ヤツらのせいでおかしくなっちゃったし、それでオレもイヤになっちゃったんだ）

1966年3月4日発行の、ロンドンの夕刊紙『ロンドン・イヴニング・スタンダード』に掲載された、日本では俗に "キリスト発言" と呼ばれるジョンの有名なステートメントだ。

敬虔なクリスチャンを刺激

　英語ではMore popular than Jesusと一般的にいわれるこの発言について、キリスト教があまり身近でないイギリス人の間では取り立てて問題にされるようなことはなかった。が、同年8月に、アメリカのティーン向けの雑誌『デイトブック』がこの記事をピックアップ。するとアメリカのキリスト教徒たちが大きな反発心を抱いた。信仰心の強いワスプ（WASP。いわゆる"アングロサクソン系白人新教徒"）が多く住む、バイブル・ベルトと呼ばれるアメリカ中西部から南東部ではとくにそれが顕著で、ビートルズに対する大規模な排斥運動が引き起こされた。

　このエリアの各地でビートルズの写真やレコードが持ち寄られて焼かれ、放送局もこぞって曲のオンエアを拒否。ビートルズが初めて体験したボイコット運動だった。同時期に予定されていたアメリカ・ツアーはなんとか実現することができた。しかしながらコンサート会場の外ではアンチ・ビートルズのデモが行われ、白人至上主義を唱えるアメリカの秘密結社クー・クラックス・クラン（KKK）からはテロを予告されるほどの騒ぎにまで発展した。

　この経緯は皆さんもよくご存知だろう。話は少し飛ぶが、80年にジョンを撃った熱狂的なビートルズ・ファンだったというマーク・チャップマンはキリスト教再生派であり、この発言を知ったことで裏切られたと感じて、怒りが殺意にまで発展したといわれている。

　さて、このステートメントだが、はたしてこれは、そこまで物議をかもすほどのものだったのか……。ちょっと細かくみてみたい。

客観性のある言葉使いをしていたジョン

　まずは最初の一文、Christianity will go. のなかにある go だが、これは "行く" でなく、"どこかに行って（消えて）しまう" というニュアンスで使われている。そして続くところで vanish（消える、消滅する）や shrink（縮む、減る）などという動詞を使って、キリスト教の行方を彼なりに示唆しているわけだ。

　それに続けて I needn't argue とあるが、これは I don't need to argue とするのが正しいだろう。こんなふうに言葉をはしょってしまうのは、いかにも大ざっぱな性格のジョンらしいといえるが、ここでは "（キリスト教の行方について）とやかくいうことはない" といっているわけだ。そしてそんな考えを、be proved right（正しいと証明される）、また more popular than（もっと有名だ）なんてフレーズを持ち出して明確にしている。われわれ日本人には少しばかり実感しづらいが、敬虔なクリスチャンにとっては、確かにカチンと来る発言なのだろう。

　しかし……、だ。そのあとの I don't know which から続く言葉には、よくみてみるとかなりの客観性があるのだ。この一文にある go もやはり、最初の Christianity で始まる go と同じニュアンスで使われているのだが、"ロックンロールかキリスト教か"、そのどちらが go first（先に消える）かは "自分にはわからない" としている。そこにまず客観性は出ている。そして Jesus was all right,（イエスはよかった）、でも his disciples were thick and ordinary.（弟子たちがダメだった）……。ここは "イエスが説いたおおもとの教えは正しかったが、それを受け継いだものが間違った方向に向けてしまった" といおうとしていたとも受け取れる。さらには、"プ

ロテスタントとカトリックとのいさかいなんて、その間違いがなければ起きなかったはずだ"、もっといえば、"そんなのは弟子どうしによる他愛のない兄弟ゲンカと同じじゃないか"などとも受け取れるだろう。

　ちなみにレノン家のルーツはアイルランドにある。そのアイルランドのベルファスト（イギリスに属する北アイルランドの首都）では近年までプロテスタントとカトリック両宗派のいさかいが続いていたのだが、この発言をした時には、それを嘆く気持ちが彼のなかにあったのかもしれない。

神は"コンセプトだ"

　I'm right（オレは正しい）なんて表現も使われていることから、確かにやや自意識過剰な印象は与える。が、こうして読めば、キリスト教を攻撃するためでなく、ただ自分の気分をフラットに伝えただけのものであることも明らかになってくる。さらに、クリスチャンにとってはもっともカチンと来ただろうWe are more popular than Jesus Christ right now.の一文ではright nowという表現が使われているのだ。これは単に"今は"でなく、"20世紀も後半に入った今となっては"なんて意味合いで彼は使ったのではないかと思われる。つまり、"イエス・キリストが産まれた2000年近く前と、（1966年の）今とでは人々の価値観はまったく違う"という認識がジョンにあり、だから"今を生きるビートルズのほうがフレッシュな存在なのは当たり前だ"と極めて客観的にアピールしている、彼の本音はそんなものだったと思えるのだが……。

　It will vanishで始まる一文もやはり、少しばかり攻撃的に響く。が、たとえばno meaning（意味がない）だとかuseless（無用の）などという、

すべてを否定するような言葉を使っていないあたりにも、ジョンの客観性は表れているように思う。……こんなふうに考えれば、いたずらにキリスト教を攻撃しようとして出てきた言葉でないことは明確だ。

　……ちなみにジョンは基本的にクリスチャンだった。が、熱心に教会に通うタイプではなかった。また一時期、飼っていたネコには「ジーザス」という名をつけていたというエピソードも伝えられている。さらにソロの『ジョン・レノン／プラスティック・オノ・バンド（John Lennon／Plastic Ono Band）』(邦題『ジョンの魂』) に収録された「God」では、神という存在に関して "コンセプトだ" ともいい切っている。

I suppose if I had said television was more popular than Jesus. I'm not saying that we're better or greater, or comparing us with Jesus Christ as a person or God as a thing or whatever it is.

（イエスよりもテレビのほうが有名だというべきだったかもしれない。オレは何も自分たちのほうが優秀だとか偉大だとか、人だとか神だとか何かとしてのイエス・キリストと比べたりだとか、そういったわけじゃなかった）

じつは客観的だった謝罪会見

　"キリスト発言"、More popular than Jesusへの反響を受けて開かれた記者会見での、ジョンの言葉。ジョンはあまり気が進まなかったが、予想外だった反響の大きさにあせったブライアン・エプスタインがきちんと真

意を伝えることを再三提案、しぶしぶ行われた会見でのものだ。

白け気味のなかにも客観性が

　気乗りしなかったため、少しばかり白け気味に響くところがあるが、ジョン自身、やはり客観的な立場からの言葉だという真意ははっきりと伝えたかったのだろう。まず "（オレたちビートルズでなく）テレビというべきだった" というところに、そんな気持ちはつぶさに表れている。テレビがほとんど全世帯に行きわたり、ビートルズもそこに積極的に出演していた時代だ。ティーンエイジャーにとってはそんなビートルズのほうが、教会で説かれるクリスチャニティよりもずっと新鮮なのは当然ではないかと、そんなことをいいたかったのだろう。客観性がよく出た言葉だ。

　そして "イエス・キリストと比べたりだとか……" の部分。これは More popular than Jesus にある、I don't know which will go first — rock and roll or Christianity. という言葉とダブってくる。つまり、"ビートルズやロックンロールとイエスを比べてどちらが上か下かではない"、"そのどちらが先になくなるかなんてわからない" といっているわけだ。ある面でいえば自分たちビートルズや好きなロックンロールでさえ突き放しているような言葉であり、これなど、冷静な視点からでないと出てこないものではなかろうか。More popular than Jesus ではこのあとに、Jesus was all right, but ～（イエスは正しかった、でも……）とジョンははっきりいっている。こんなふうにみてみればその More popular than Jesus、キリスト教をいたずらに攻撃しようとしたものでないことは明確に伝わるというものだ。

周囲の人もジョンの真意はわかっていた

さて、この"キリスト発言"、More popular than Jesusの予想外の反響だが、これについてジョンの周りにいた人は、どうとらえていたか。まずブライアン・エプスタインは、「過去50年にわたり、英国国教会、すなわちキリスト教への関心が薄れていることに驚いている、という意味でレノンは発言した。彼は、ビートルズの名声を豪語したわけではない。若い世代には、ビートルズのほうが即時的な影響力があるようだといいたかっただけだ」とメディアには釈明している。さすがにマネージャーらしい、中立的な立場からの冷静な発言だ。が、ジョージはどうだったか。彼はこの反響について、「どうしてこういうことを口にしちゃいけないんだい？ これが冒涜になるのかな。それに、もしキリスト教がそんなに確かなものなら、こういう発言にだって耐えられるはずじゃないか」といっているのだ。"冒涜になるのかな"というところからはやはりジョンと同様、少し白けていたことが伝わってくる。そして"キリスト教が確かなら……、耐えられるはず"からは、ジョージもジョンの発言には素直に同意していたことがよくわかる。

ポールがこのことについて言及したのはずっとのち、解散してからのこと。その時の言葉は、「僕らのショーには、以前は大勢のカトリック神父が来ていた。で、楽屋でよく議論したんだ。"ありきたりの古びた讃美歌を唄うんじゃなくて、もっと生き生きとしたことをしなきゃ。みんなもう讃美歌は聞き飽きて、心に響かないんだよ"と僕らはそこでいったことがある。教会はやり方を変えるべきだと強く感じていたんだ。僕らはむしろ、熱心な教会支持者だったよ。ジョンが伝えようとしていたのは、何か凶暴

な反宗教的考えではなかったはずだ」というものだ。このなかにある、神父への提言が実際にあったものだとしたら、ビートルズのメンバーは、キリスト教会に対しては、それなりに親身になってハッパをかけていたということになる。冒涜する意識など、ほとんどなかったというわけだ。

……どうあれこんな、のちのいくつかの発言をみてみても、ジョンも含めてメンバーは安易なアンチ・キリスト主義者でなく、キリスト教のことを極めて冷静にみていたことがよくわかる。アメリカでのビートルズ排斥運動は、単なる原理主義者たちの過剰反応にすぎなかったということだ。

興味深い後日譚を最後に。

2008年のこと、ローマ教皇庁がジョンのキリスト発言について、「予想外の成功を手に入れた若者が"豪語"しただけにすぎない」という声明を出している。ローマ教皇庁とは、バチカンにある、全世界のカトリック教会を統率する組織のこと。"赦免"と銘打っての声明なのだが、こんな声明を出すということは、教皇庁も"キリスト発言"のことは苦々しく思っていたということなのか。だとしたら、ずいぶんと度量が狭いといえまいか。それに、"豪語"しただけにすぎない……。ここにはビートルズを見下したような響きが感じられる。本来は、人は平等であると説くはずの宗教者なのに。

平等意識はビートルズのメンバーのほうがずっときちんと持っていた。

If we knew we'd form another group and be managers.
（それがわかってたらほかのグループを作ってマネージャーになってるさ）

　大ブレイクしたのちの1964年にアメリカで行われた、ある記者会見での返答だ。会場にいた記者が発した、*Why does it excite them so much?*（どうして［あなたたちの音楽は］そんなに人を興奮させるのでしょう？）という質問に対してのもの。つまり、その理由がわかったら"（マネージャーになって）ガッポリ儲けてるよ"といおうとしていたのだ。

　自分たちの周りにいる、ビートルズを利用して莫大な利益を上げていた音楽産業に向けた皮肉と受け取れなくもない言葉だが、それほどの含みを持つものではなかっただろう。単に会見の場にいた人たちを笑わせようとして口にした、シャレ心から出てきたはずの言葉に違いない。

　このあとには、*"Why do you sing like Americans and talk like Englishmen?"*（どうしてアメリカ人のように唄ってイギリス人のように話すのですか？）*"It sells better."*（よく売れるからさ）という記者とのやり取りもあった。

　この会見の時にジョンは、記者たちのあまりにありきたりな質問に退屈しており、メンバーも同様に感じていて、それならばジョークをいって雰囲気を変えよう、などと思っていたのではあるまいか。ウィットに富んだジョンのことだから、そんな気持ちだったとしても、なんらおかしくはない。

　それにしても、どちらもまったくシンプルながら、ひたすら痛快な受け答えだ。ジョンは徹底したユーモリストだった。

Sweet Loretta Fart she thought she was a cleaner but she was a frying pan.

（いとしのロレッタ・ファートは、自分が掃除機だと思ってたけど、フライパンだったんだ）

　ビートルズのアルバムを注意深く聴いている方ならばおわかりかと思うが、アルバム『レット・イット・ビー（Let It Be）』のラストに収まる「Get Back」の前で、彼がおふざけのように口ずさんだもの。その「Get Back」の2番目の歌詞を、MartinをFartに、he was a womanをshe was a cleanerに、そしてanother manをfrying panに変えてメロディに合わせて唄った、いってみればほとんど他愛のない"替え歌"だ。

　メンバー間の亀裂が深まっていたバンド終末期、ジョンはこんなふうに、対立していたポールの曲を茶化して唄っていたわけだ。そんなことからは、4人の間にはいまだのほほんとした雰囲気が残っていたことが伝わってくる。このことにはホッとさせられた方もいるのではなかろうか。

"直感人間ジョン"の面目躍如

　それにしても、"おなら"（ここでは最初のfを大文字にして人名のようにしているが、fartは"放屁"を意味する）に"掃除機"に"フライパン"だ。FartはもとのMartinに響きが近いものとして、とっさに頭に浮かんだ単語だろう。cleanerは、この機械が発する音が放屁の音のようだからととっさに思いついて出てきたのか（ちなみにイギリスでは、"掃除機"は概してヴァキューム・クリーナー[vacuum cleaner]といわれている）。frying panもやはりanother manと響きが近いとして思い浮かべたものだろう。が、掃除機からフライパンと続けたのは、どちらも家事に使う機

器だからそうするのも面白い、などととっさに思いついたからなのか……。苦笑を誘いながらもこんなふうに考えを巡らせられる言葉だ。

　真意はどうであれ、Martinとfartのシャレはひどく幼稚（小学生が小原<ruby>小原<rt>お はら</rt></ruby>という苗字の級友を“オナラくん”と呼ぶようなもの？）だが、ジョンの本能的で下世話な人間性が隠さずに出ているようで微笑ましい。そしてこんなバカバカしいことを臆面もなく口にできるのは、間違いなく彼の類まれ<ruby>類<rt>たぐい</rt></ruby>なユーモアのひとつだ。またそこから次々とユニークな言葉が続くあたりには、ジョンの、表現についての特異な感覚がよく表れているように思えて興味深い。“直感人間ジョン”の面目躍如、といったところか。

　ちなみに『レット・イット・ビー』のアルバムの、ジョンのこの“替え歌”から入る「Get Back」は、映画のほうの『レット・イット・ビー（Let It Be）』の最後にあるルーフ・トップ・コンサートでの演奏を録音したもののように聴こえる。が、じつはそうではないらしい。同アルバムのプロデューサーのフィル・スペクターが、そんなふうに聴こえるように仕立て直したとのこと。ということはスペクターも、この替え歌を面白がっていたということだろう。あるいは悪ノリして加えただけなのか。

　なお2003年発表の『レット・イット・ビー…ネイキッド（Let It Be... Naked）』の冒頭に収まる「Get Back」では、この“替え歌”の部分は使われていない。その理由は、ポールがスペクターのこのエディットを毛嫌いしていたからだ。

I dig a Pygmy by Charles Hawtrey and the deaf aids.

Phase 1 in which Doris gets her oats.

（聾者協会のチャールズ・ホートリーの‘ピグミーを掘り下げる！’。
場面1は、ドリスがカラス麦をゲットする、だ）

　アルバム『レット・イット・ビー』には、前述した「Get Back」の"替え歌"に似たジョンのナンセンスな言葉がもうひとつある。オープニングの「Two of Us」が始まる前で聞ける、雄たけびのようなこの言葉だ。まったく唐突に出てくる言葉で、レコードに針を落とすといきなりこんな叫びが聞こえてきてビックリ、なんて体験をしたファンの方も多いのではなかろうか。筆者もそのひとりだった。

　この言葉はやはり「Get Back」の"替え歌"と同様、「Two of Us」の録音前のこのタイミングでジョンが口にしたものではないらしい。フィル・スペクターが編集してあとから加えたものなのだが、ということは彼もやはり、ジョンのナンセンスな言葉遊びにウケていたのだろう。そんなジョンの叫びのウラにはどんな意図があったのか。ちょっと深読みしてみる。

小柄なコメディアンからピグミー族や聾唖者……？

　まずCharles Hawtreyというのは、20世紀半ばに名を知られていた、イギリスの喜劇俳優の名前だ。若かりし頃はBBCで放送されていた『ザ・グーン・ショー』などのコメディ番組が好きでよく聴いていたジョンにとって馴染みのあるコメディアンだったのだろう。そしてpygmy、ピグミー族は、そのホートリーがかなり小柄だったことからとっさに思いついたものだと思われる。だからこの最初の部分は、"（チビのコメディアンの）チ

ャールズ・ホートリーがピグミーのことを研究している"（digには"掘る"や"掘り下げる"以外にも"調べる"、"研究する"の意味がある）といおうとしていたのだ。小柄の俳優からピグミーを思い浮かべたというのも、インスピレーション力が豊かなジョンならではだ。

　話はそれるが、ジョンはこのdigという動詞が好きだったようで、『レット・イット・ビー』には「Dig It」や、後述する「Dig a Pony」というナンバーもある。はにかみ屋で、ちょっと無理して不良を気取るようなところがあったジョンだ。inspectやresearch、studyなんて硬い言葉を使うのはテレ臭く、無意識にdigをよく使っていたに違いない。最近では、digはヒップホップ界隈のDJたちもよく使う言葉で、レコードをディグするなんて使われる。

　この前半の文の最後には、deaf aidsという言葉がある。これは"補聴器"を意味する言葉なのだが、ジョンは記したように、"聾者協会"の意味で使ったのだと思われる。小柄であることを身体的な障害と考え、そこからとっさに聾唖者を思い浮かべて"聾者〜"の意味でのdeaf aidsという言葉が出てきたのだろう。彼はこうした、身障者などをネタにしたきわどいジョークを好んでいたフシがある。『モンティ・パイソン』が好まれていたことからもわかるように、イギリス人は全般的に、自虐ネタや人種などをネタにしたブラック・ジョークが好きなものだが、それにしてもたくましい想像力の産物だといえる。

　ついでながらこのdeaf aidsは、メンバーがバンド時代によく使っていたVOXのアンプにつけていた愛称でもあった。補聴器もアンプも、どちらも音を増幅するものだからこんな愛称にしたのだろうが、このネーミン

グ感覚もなかなかユニークだ。

常人離れした言葉の感覚

　さてこの雄たけびは、じつは「Dig a Pony」、アルバム『レット・イット・ビー』では「Two of Us」に続けて収まる曲をリハーサルしている時に発せられたものらしい。作ったのはジョン自身で、ヨーコへの想いをつづったとされるナンバーだ。彼自身はそう認めてはいないのだが、俗語で"小柄な女性"を表すことがあるponyをdigする、つまり"小さな女（であるヨーコ）を検証、研究する"なんて意味になるタイトルや、"オレがほしいすべてはオマエだ"という一節が歌詞に出てくることなどがその根拠だ。

　この「Dig a Pony」は、ジョンの言葉に関しての特異な感覚がとりわけよく感じ取れるナンバーだといえる。

　penetrateやradiate、またimitateなどといった、韻を踏んだ動詞が次々とテンポよく出てくるところにまずジョン特有の感覚がよく表れているし、オマケにこれらの動詞はすべて、性的行為に関連したダブル・ミーニングがあるものなのだ。それぞれのウラの意味を記しておくと、"入り込む"や"見抜く"という意味のpenetrateは"挿入する"、また"放射する"、"放出する"のradiateは"射精する"、そして"マネする"のimitateは"（自分に似た）子どもを作る"、といった具合。

　またこの曲の後半のスタンザには、"石を転がすんだ、なんでもマネしていいんだ"という歌詞がある。rollやstonyなんて単語が使われているが、何かにつけてビートルズと比較されていたローリング・ストーンズを

暗に皮肉る言葉のようにも受け取ることができる。

　それはさておき、この雄たけびだ。「Dig a Pony」がヨーコへの想いをつづったナンバーであることを考慮してさらに深読みしてみると、あとのほうの一文に出てくるDorisという名前の女性は、じつはヨーコのことではないかと思えてくる。そしてそのドリスがしようとしているのはget oats、"カラス麦をゲットする"こと。ちょっと珍しいカラス麦という野草を手に入れる、つまり、"何か唐突な行動を起こす"と考えることができるのだ。

　だからこちらの一文は、"しょっぱな（場面1）から、（ドリスという名で表した）ヨーコは（カラス麦をゲットするような）ビックリさせてくれるようなことをやらかそうとしている"なんてことをいっているのではないかと思われる。

　……通して、単なる戯言のように響く叫びかもしれない。それでも、これだけの深読みができるところが、類まれな表現者であるジョンの言葉らしくて面白い。真意はどうであれ、チャールズ・ホートリーというコメディアンの名前からピグミーにデフ・エイズ、そしてドリスやオーツなどといったユニークな言葉を次々とはじき出す彼の言葉の感覚は、かなり特異なものがあった。

　ちなみにポールは、「Two of Us」の前にこの雄たけびを置いたスペクターのエディットも気に入らなかったらしい。そのため『レット・イット・ビー…ネイキッド』では、やはりポールの意向でこの部分はカットされている。

Turn left at Greenland.

（グリーンランドを左に曲がってだよ）

　ジョンには誰かの発言や質問などの言葉尻をとらえて、揚げ足をとった
ような返答をすることがよくあった。これはその一例。これがどうして揚
げ足取りなのか解説すると……。

　ジョンのこの言葉はビートルズが初めてアメリカに上陸した時に行わ
れた記者会見での、ある記者からの、*How did you find America?* と
いう質問に対しての答え。findはご承知のように、"見つける"、"探し出
す" という意味で多く使われる動詞なのだが、howで始まる疑問文では、
往々にして "感じる"、あるいは "思う" という意味になる。だから記者は、
"アメリカをどう思うか" とここでは尋ねていたのだが、ジョンはそのfind
を、おもに使われる "見つける" や "探し出す" でとらえて、"アメリカを
どのようにして見つけたのか" という質問だと勝手にとらえ、こうすれば
ウケるだろうととっさに考えて、この "（イギリスから大西洋を北東に進
んで）グリーンランドのところを左折して……" という返答にいたったわ
けだ。

　まあ、ジョンが地理を知っていることはこの返答からは理解できるが、
あまり次元が高いとはいえないシャレだ。このシャレから思い浮かべたこ
とがひとつ。How are you?や、How are you doing these days?は "こ
のところどう?" という意味の、久しぶりに会った知人などにいう、英米
人にとっての決まり文句だが、これらとほぼ同じ意味のカジュアルないい
方に、What's up?というものがある。このWhat's up?をまったく言葉通

りに、"上は何?"の意味に勝手にとらえて、The sky.（空だよ）と返す子どもたちがいるが、ジョンのこの回答も、これとまったく同次元のものではなかろうか。

　そんなことを考えると、苦笑が出るほどバカバカしいシャレだが、なかなか痛快だ。どうあれこんな子どもじみたシャレを臆面なく口にできたところもまた、ビートルズのユーモアのひとつだった。

We'd like to do another number that is the single record in 1948, rabble rabble, this one is called 'Day Tripper'!

（次の曲は、1948年のシングル、まあまあ、そんな感じの、「Day Tripper」という曲をやります）

We'd like to do another song now another, another song is in Italy, another song is well known by the old title of 'Nowhere Man'.

（次の曲は、次の曲はイタリアの曲で、「Nowhere Man」という古いタイトルでよく知られた新しい曲です）

　このふたつは1966年の日本公演での、ジョンのMCの言葉。
　この両曲を演奏する前の、曲紹介のためのものなのだが、どうして「Day Tripper」が1948年のシングル（実際は65年の発表）で、「Nowhere Man」がイタリアの曲（記すまでもないだろうがイギリス人であるレノン＝マッカートニーの作）なのか……。どんなオチがあるのかまっ

たくわからない、意味不明としかいいようがないMCだ。この両者について、筆者なりに勝手に憶測してみると……。

"どうせ目の前にいる客には英語はわからないだろうから、何をいってもいい"などと考えて、口にしたようなものではなさそうだ。もしかしたら初めての地でのショーだったため、彼は柄にもなくちょっと舞い上がっており、そんな自分をごまかすためにこんなシャレをいったのか……。そんなふうにも考えられる。「Day Tripper」を紹介したMCに出てくるrabble rabble, は、"まあ、いいじゃないか"なんてニュアンスの、口にしたことをとっさに煙に巻くような時に使う言葉だから、そうであったとしてもおかしくはない。また「Nowhere Man」のMCもあまりスムーズなものとはいえない。半ば吃音症のようにanother、another songという言葉が何度も繰り返されているし、Italyのあとカンマに続くanother songは、the songとしたほうが自然なのだ。……そんなことを考えると、緊張していたため無意識に出てしまったものだと受け止めて間違いはないと思える。

「Nowhere Man」のほうに関しては、"居場所のない男"のことを唄った曲だから、イギリスから離れたヨーロッパの国であるイタリアが出てきたのか、などと想像することはできる。が、どうであるにせよ、特別な意図があって出てきた言葉ではないだろう。無意識のうちにこんな言葉を口にしていたジョンは本当に、意味がありそうで何もない言葉遊びが好きなようだ。

　なお筆者はこのふたつのMCから、アルバム『レット・イット・ビー』に収録された「Dig It」の最初にある、FBI, CIA, BBC, B.B.キング……、

などと略語による固有名詞が連想ゲームのように続くパートを思い浮かべた。こちらはテレ隠しではないだろうが、近い発想を根源にした言葉遊びではないかと……。

ポールやジョージのＭＣと比べると面白い

ちなみにこの日本公演では、ポールは、

We'd like to, we'd like to carry on the song which is of our last LP, LP's called "Rubber Soul", and the song which is sung by guitarist George, is called 'If I Needed Someone'! (続けてお贈りするのは、僕らの新しいLP、『ラバー・ソウル』というLPのなかの曲でギタリストのジョージが唄っている、「If I Needed Someone」という曲です!)

We'd like to sing a song which features, which features drummer, the song is called 'I Wanna Be Your Man'. Just sing it! Ringo! (ドラマーをフィーチャーした、「I Wanna Be Your Man」という曲をやります。唄えよ!　リンゴ!)

などの、またジョージは、

The next song we'd like to do, it's from the long playing record "Help!", and the song is called 'Yesterday'. (次にお聴かせするのは、『ヘルプ!（Help!）』のLPからの曲で、「Yesterday」という曲です)

という、わりとマトモなMCをしている。We'd like to 〜という、We will 〜だとか、We're gonna 〜などよりもていねいな表現を使っている

のはジョンも同じだが、ポールは次にヴォーカルをとるジョージとリンゴのバンド内での役割をきちんと説明している。そしてふたりとも、次に演奏する曲がどのアルバム（ジョージのMCにある long playing record はそのままLPレコードのこと）からの曲であるのかをていねいに話しているのだ。「I Wanna Be Your Man」にその説明がなかったのは、これはもともとローリング・ストーンズのために書いた曲なので、自分たちのオリジナルだという意識が薄かったためだろう。

　……これがジョンならばどうだったか。おそらくこんなていねいなMCはしなかっただろう。もし彼だったら、「I Wanna Be Your Man」の前には、

Next song we'd like to play is, which dwarf Ringo sing, called 'I wanna be your man'!（次にやる曲は、チビのリンゴが唄う、「I Wanna Be Your Man」!）

なんてシャレっぽくいっていたかもしれない。

　こうしたMCをみてみても、それぞれの人間性が出ているようで面白い。

ジョンのあだ名センス

　ジョンの言葉遊びの極みはあだ名。周囲にいたミュージシャンたちにつけたニック・ネームは、バカバカしいほどナンセンスなものばかりなのだが、そこにもジョンの創作センスの面白みがある。

Jim Bordon　退屈ジム

『イマジン（Imagine）』などのレコーディングに参加したドラマー、ジム・ゴードンにつけたもの。ファミリー・ネームのイニシャルのGをBにしただけのシャレだが、こうしてジョンは、bore（退屈なもの）という言葉をこの名を見た人たちに連想させようとしたのだと思われる。無理に日本語にすると"退屈男ジム"なんて感じになるか。

Derek Claptoe　つま先拍手のデレク

　エリック・クラプトンのニック・ネームだ。デレクはクラプトンの愛称（彼が70年代に組んでいたデレク＆ザ・ドミノスの"デレク"はここから）で、ClaptoeはClaptonのもじり。だが、これを分解するとclap（拍手）とtoe（つま先）、だから"つま先で拍手するデレク"などとなる。ジョンらしい、とっさのひらめきの産物なのだろうが、よくこんな造語を思いついたものだと単純に感心させられる。

Robby Knees　ロビーの膝

　ローリング・ストーンズのサポートなどで名を知られたサキソフォニ

スト、ボビー・キーズのあだ名。Bobbyをロビーに、そしてKeysをニーズに、と語感の近い言葉に置き換えただけだが、これで"ロビーの膝"なんて妙な意味になる。これについて、Kneesを同じ発音のNeedsにして、Robby Needs、"ロビーは必要としている"などとすることもジョンは考えたかもしれない。が、"Needsにすると妙に意味深になってしまうからつまらない"と考えてやめることにした、なんて経緯が実際にあったとしたら面白い。まったくもってナンセンスなところはやはりジョンらしい。

Sticky Topkins　気難しがり屋トプキンス

『イマジン』などジョンのソロ作品をバックアップしたキーボード・プレイヤーの、ニッキー・ホプキンスのあだ名。Stickyは"ネチっこい"だとか"気難しい"なんて意味で、TopkinsはHopkinsのもじりなのだが、ホプキンスはそんなに気難しがり屋だったのか。実際にそんな性格でなかったとしても、"こんなふうに語呂を合わせたら面白い"なんて安易な考えでジョンはこうしてしまった、とも考えられる。そんな想像をするのも楽しい。

Raus Doorman　ドアマンのラウス

クラウス・フォアマンにつけたあだ名。フォアマンは、アルバム『リヴォルヴァー』のジャケット・デザインを手がけ、プラスティック・オノ・バンドにもベーシストとして参加した多才な人物だ。これも単なる語呂合わせだが、"ドアマンのラウス"なんて、まったくナンセンスなものにしているところが無邪気だ。

Kief Spoon　ハシシでトリップするスプーン

　ザ・フーのドラマー、キース・ムーンにつけたもの。キーフはハシシの原料から作られる粉末のことなので、"ハシシでトリップするスプーン"なんて感じになる。これもやはり語呂合わせだが、さりげなくヤバめの感覚を出しているところは遊び心豊かなジョンらしくてニヤリとさせられる。

Billy Presstud　ビリーとめ具

『レット・イット・ビー』のレコーディングにも参加したキーボード・プレイヤーの、ビリー・プレストンのあだ名。Presstudはpress stud（ボタンなど洋服のとめ具）がもとになって出てきたものだろう。そうすると"ビリーとめ具"、思わず"なんじゃそれは?"などと苦笑も出てくるが、ナンセンスもここまでくるとスカッとしていて楽しい。

Dallas White　青白いダラス

　アラン・ホワイトのあだ名。プラスティック・オノ・バンドや『イマジン』などのレコーディングに参加したドラマーだ。ダラスはアランのヒネりだろう。そしてwhiteには"白髪"の意味もあるため、これは"白髪のダラス"なんてことになるのか。また別に、whiteには"血の気が失せたように青白い"という意味もある。ホワイトはのちにイエスに参加した、理知的なミュージシャンだ。そんな性格を少し皮肉って"青ざめたダラス"などといおうとしたのかもしれない。

Bilanie & Donnie　ビラニー&ドニー

　エリック・クラプトンとも共演した、ブラムレット夫妻のデラニー&ボニーのニック・ネーム。これもほとんどナンセンスな、ふたりのイニシャルを入れ替えてちょっとアレンジしただけのものだ。子どもっぽい言葉遊びであり、子どもの頃、ジャイアント馬場を"バイアント・ジャジャ"、俳優の草刈正雄を"マサカリ・クサオ"などといって笑っていた友人がいたことを思い出してしまった。

尽きないナンセンスな言葉遊び

　ジョンはバンド活動時のイギリス首相のハロルド・ウィルソンのことをHomold Wilsonなどといったこともある。無理に日本語にすると、これは"ホモのウィルソン"となるのか。さらに、ニック・ネームではないが、「Hey Jude」について、「ブライアンを唄った「ゲイ・ジュー」(Gay Jew)なんだ」とも彼はいったことがある。ブライアン・エプスタイン、ビートルズのビッグ・ネーム化に大きく貢献したデビューから中期までのマネージャーは、実際にゲイであり、ユダヤ系(Jewish)だ。

　……それにしても、ジョンのナンセンスな言葉遊びは尽きない。そのまんま東、ガダルカナル・タカ、つまみ枝豆など、たけし軍団にいるタレントのネーミング感覚に近いものもあったりするのか?

ジョンは自分の名前でも遊ぶ

Joel Nohnn、John O'Cean、Dr. Winston O'Boogie、Dr. Winston O' Reggae、Dr. Winston O'Ghurkin、Rev. Thumbs Ghurkin、Rev. Fred Ghurkin、Mel Torment、Dwarf McDougal……これらがなんだかおわかりだろうか。Dr.だとかRev.なんて肩書がついたものがあるから、誰かの名前だと想像はつくと思う。"それにしてはどれも、スペルがどこかフツーじゃない。イギリスの歴史上の人物、中世あたりに名を馳せた騎士か司教か何かの名前だろうか……" などと考える方もいるかもしれない。

　そんなふうに考えを巡らせた方がいたとしたらご苦労さま。それほど高尚な人の名ではない。じつはどれもジョンが遊び心で考えた、自分の変名なのだ。

自分の名前も茶化していたジョン

　若かりし頃から言葉遊びが好きだと公言していたジョン。彼は自分の名前を茶化したように記すことがよくあった。ビートルズ時代のアルバムには演奏者のクレジットはなかったし、作者はLennon = McCartneyに統一されていたためソロになってからのことなのだが、楽器のクレジットなどに、こんな変名を記すことがあったのだ。

Joel Nohnn、John O'Cean

　Joel Nohnnは、ヨーコのアルバム『アプロクシメタリー・インフィニット・ユニヴァース（Approximately Infinite Universe）』（邦題『無限

の大宇宙』）に出てくる変名だが、これはJOHN LENNONの文字を入れ
替えた、アナグラム。そしてやはりヨーコの『フィーリング・ザ・スペース
（Feeling the Space）』（邦題：『空間の感触』）で使われたJohn O'Cean。
このファミリー・ネームもただのおふざけで、“海”のoceanをアイルラ
ンドふうにつづったもの。オニール（O'Neill）やオサリヴァン（O'Sulli-
van）など、O'で始まるファミリー・ネームはアイリッシュ特有のものなの
だが、レノン家のルーツはアイリッシュ。そのルーツ意識が頭をもたげて
こんなふうにしたのだろう。

Dr. Winston O'Boogie

　エルトン・ジョンの「Lucy in the Sky with Diamonds」に参加した時
のジョンのクレジット名で、ウィンストンはジョンのミドル・ネーム。ジ
ョンの出生名はジョン・ウィンストン・レノン（John Winston Lennon）、
父親のアルフレッドが敬愛していたという、ジョン出生当時のイギリスの
首相ウィンストン・チャーチルにあやかって命名された。そのウィンスト
ンにドクターなんて格調高げな称号をつけたのは、ジョン自身もチャーチ
ルのことを敬っていたのか、あるいは蔑んでいたのか、はたまた自分をあ
げつらってのことなのか……。それにしてもこれ、あえて日本語にすると
“ウィンストン・オブギ博士”などとなる。やはりほとんど意味のない、ガ
キっぽいと思えるほどの、他愛のない言葉遊びといえそうだ。

タガがはずれていた“失われた週末”時代にはこんなに

　それからの、Dr. Winston O'Reggaeから続く6つの名前は、1974年発

表の『ウォールズ＆ブリッジス（Walls & Bridges）』（邦題『心の壁、愛の橋』）で使われたもの。いわゆる "失われた週末"（ジョンとヨーコの別居期間）に作られたアルバムだ。そんなタガがはずれていた時代の作品だからか、言葉遊びも度がすぎていたようで、こんなにたくさん出てくるのだ。それぞれちょっとみてみると……。

　Dr. Winston O'Reggae と Dr. Winston O'Ghurkin は、 ～ O'Boogie と同じ発想によるものだろう。ただちょっとハッとさせられるのは、O'Reggae のウラにのぞける、ジャマイカ産の音楽（レゲエ）を無理やりアイルランド仕立てにしてしまうという発想。カリブ海に浮かぶ暑い国と北大西洋の北部に位置する寒冷な国をいとも簡単にかけ合わせてしまうような不条理さは、いかにもヒネクレ屋のジョンらしくて面白い。そして O'Ghurkin については、ghukin、正しくは gherkin なのだが、おもに漬け物に使う、小さな "キュウリ" のこと。だからこれは "ウィンストン・キュウリ博士" などとなる。gherkin の e をあえて u にしたのも彼特有のヒネリ感覚の表れだろう。

　話はそれるがこの O' で始まる一連の名前について、"ルーツ意識が頭をもたげて……" と解説したが、アイルランド特有の苗字には Mc で始まるものもある。マクガァヴァン（McGovern）、マクラレン（McLaren）、マカロック（McCulloch）などがそうで、ポールのファミリー・ネームのマッカートニー（McCartney）ももちろんそのひとつだ。アイルランドふうに仕立てたこれらの変名について、McBoogie だとか McReggae にしなかったのは、ポールへの対抗意識がこの時期にはあったからなのか。そんなふうにも考えられる。

　さて Rev. Thumbs Ghurkin について、Rev. は reverend（尊師）の略
で、thumb は "親指"。が、s がついているため、ここは "不器用な" の意味
で使われている（英語に "不器用な" を意味する all thumbs という慣用句
がある）。そのためこれは "不器用なキュウリ師" という意味。アルバムの
レコーディング・セッションに参加したピアニストのニッキー・ホプキン
スに比べて自分のピアノの腕は格段に落ちるという意識からこうしたの
だが、これもやはりガキっぽい言葉遊びながらもピュアさが感じられてな
かなかいい。Rev. Fred Ghurkin はそのヴァージョン違い。が、こちらに
はほとんど意味はない。それにしても "フレッド・キュウリ師" には日本の
小学生が担任の教師を "○○ジャガイモ先生" などと呼ぶような感じで親
しみを感じられる。

Mel Torment、Dwarf McDougal

　Dr. Winston ～に近い、ジョンの好きな、著名人をおちょくったよう
なもじりだ。おちょくられた著名人は、20 世紀半ばにフランク・シナト
ラとともに幅広い支持を得たアメリカのジャズ・シンガーのメル・トーメ
と、ビートルズと同時期に支持を得たカナダのハード・ロック・バンド、
ゲス・フーのメンバーのドニー・マクドゥーガル。トーメのファミリー・
ネームとマクドゥーガルのファースト・ネームを語感の近い torment（苦
痛）と dwarf（小人）にして、"メル苦痛男"、"チビのマクドゥーガル" な
どとしているわけだから痛快だ。

ジョン以外の3人にも変名があった

　こうしたことをなんの衒いもなく、堂々とやらかしていたところは確実に、ジョン・レノンというアーティストの面白味のひとつといえる。

　ついでながらほかのメンバーも変名を使うことがあり、ポールにはPaul Ramone、ジョージにはL'Angelo MisteriosoやHari Georgeson、そしてリンゴにはRichie Snareなんてものがあった。ポールのPaul Ramoneは単なる芸名で深い意味はない。が、ニューヨーク・パンクのバンド、ラモーンズのメンバーがジョーイ・ラモーン、ディー・ディー・ラモーン……と、全員が〜・ラモーンと名乗っていたのはここから取ったという意外なエピソードがある。ジョージのL'Angelo Misteriosoはmysterious angel（不思議な天使）をラテン語ふうにしたもので、Hari Georgesonは"神の子ジョージ"（Hariはヒンズー教の"神"を意味する言葉）という意味。インド哲学に傾倒していた彼らしい、ちょっと意味深な変名だ。そしてリンゴのRichie Snareはリンゴの愛称のリッチーとドラムのスネアを単につなげたもの。Richieはrichとダブらせたようで、"金持ちスネア"といいたかったらしく、笑える。

弱さを表現する言葉を
ストレートに使う

I'm a Loser

　1964年に発表された『ビートルズ・フォー・セール』に収録されたナンバー。クレジットはこの時期ずっとそうだったように、Lennon = McCartneyだが、作ったのはジョン。意味はズバリ、"オレは負けイヌだ"。

弱さを露呈するようなナンバーがいくつも

　ジョンにはこんなふうに、自分が情けない人間であることをあからさまに露呈したようなナンバーがいくつもある。やはり『フォー・セール』収録の「I Don't Want to Spoil the Party」(邦題「パーティはそのままに」)や「No Reply」がそうだ。

　前者ではパーティに行ったものの、会いたかった相手がなかなか現れず、諦めて早く帰ってしまった晩のことが唄われており、後者は好きな相手の家に行ってみるも居留守を使われ、オマケに電話も受けてくれなかった、といった内容の曲だ。タイトルを訳すと、それぞれ"パーティを台なしにしたくない"、"応えがない"。こんなタイトリングからして気の弱さがリアルに表れている。

　ソロになってからもそんなタイプの曲は目立っている。『ジョン・レノン／プラスティック・オノ・バンド』収録の「Mother」、『イマジン』の「Jealous Guy」、『マインド・ゲームス (Mind Games)』の「Aisumasen

（I'm Sorry）」、『ウォールズ・アンド・ブリッジズ』（邦題『心の壁、愛の橋』）の「Scared」（邦題「心のしとねは何処」）、『ダブル・ファンタジー（Double Fantasy）』の「Watching the Wheels」などがその例だ。

「Mother」にはジョンのマザコンぶりが包み隠さず表され、「Jealous Guy」ではタイトル通り、"自分は嫉妬深いヤツですまない、でも気をつけろ"なんてことが唄われ、「Aisumasen（I'm Sorry）」（これは日本語の"相済みません"のことだろう）には、"ヨーコがいなければ自分は何者でもない"といった気持ちがヨーコに対する愛情と感謝とともに飾らない言葉で表されている。そして「Scared」には、"かつて自分が行ったさまざまが怖いから音楽に逃げているんだ"なんて気持ちが乗せられ、また「Watching the Wheels」では、"世間と隔絶されたところにいて、そんな世間はボーっと眺めるだけでいい"などという厭世的な気分が唄われているのだ。

極端なほどの繊細さが名曲を生み出した？

それにしても……、I'm a loserにno reply、jealous guyにscared、そしてaisumasenだ。それぞれ訳すと、前述のように"オレは負けイヌだ"に"応えがないんだ"、"嫉妬深いヤツ"、"怖いんだ"、そして"ごめんなさい"となる。恐怖心を歌詞に込めるだけでなく、タイトルにも、こんなふうに、ダイレクトな言葉を使っているわけだ。ジョンという人物はそれだけ、自分を含めてすべてのことを恐れる気持ちを強く持っていたということなのだろう。自分に自信を持てないという、極端なほどに繊細な、単に怖がりといっていいか、そんな性格だったこともまた、あれだけの名曲を

生み出す要因になっていたと筆者は考えている。

　どうあれ、"愛と平和の使者"というイメージで語られてきたジョンだが、それはメディアが作り上げた偶像、というといいすぎかもしれないが、彼の、ほんの一面を表したものでしかないと思う。根本的にはひどく傷つきやすい、もっといえば徹底して人間臭い人物だったのだ。「Imagine」や「Love」などに代表されるピュアな曲ももちろん悪くない。が、挙げた「I'm a Loser」に代表される、やるせなくなるほど弱い人間性をさらけ出したような数曲のほうが、らしさがずっと表れていて個人的には好きだ。

　余談ながら、これら一連の曲について、かつて筆者が著した『ビートルズで英会話』、『ビートルズでもっと英会話』では"自虐ソング"と表現し、一部でウケたことがある。よろしければこの2冊、ご参考に。また彼のこうした人間性については、やはり拙著『「人間・ビートルズ」入門』に詳しく記しているので、よろしければこちらも。

Part of me suspects that I'm a loser, and the other part of me thinks I'm God Almighty.

（オレは一面では負けイヌだと薄々感じてるけど、別の一面では全能の神のようなものなのかとも思う）

　ジョンにはなんの衒いもなく自分の情けなさを嘆くような、自虐的ともいえる性癖があったが、自分でもそのことはよくわかっていた。が、そ

の反面、達観したところもあった。自身について振り返ったこの発言からは、そんな二面性がうかがえて面白い。

　loser、これはジョンが好きな、というよりも、気づかないうちによく口から出てきていたような言葉なのだろう。それを使った、曲のタイトルにもなったI'm a loserという言葉と、少しばかり自意識過剰にも思えるI'm God Almightyという言葉……。真逆に近いこのふたつの言葉が並んでいるところに、ジョンのアーティスト性がよく表れているように思える。彼自身、弱さと全能さが自分のなかに共存していたことを認識しており、"そのどちらが本当の自分なのか……"などと自問自答を続けていたと、この発言からは思える。大きな成功を収め、誰もがビッグ・ネームと認めるような存在になってからも、こうした、極めて人間的な葛藤は続いていた。記したように、ビートルズ解散後も彼は、自虐的な曲をいくつも書いている。つまり、彼が持つ自信は決して確かなものでなく、常に意識は揺れ動いていたわけだ。あれだけ説得力のあるナンバーを作りえたのは、そんなセンシティヴすぎる心の揺れ動きがあったからこそだとも筆者は考えているのだが、いかがだろうか。悟り切った人間が作る歌など、面白くもなんともない。

ローティーンの頃から意識は揺れ動いていた

　ジョンの揺れ動く心情を物語った興味深い発言は、ほかにもある。

When I was about twelve, I used to think I must be a genius but nobody'd noticed. I thought, 'I'm genius or I'm mad. Which is it? I can't be mad because nobody's put me away; therefore, I'm a genius.' I mean a genius is a form of mad person. という、ソロになったばかりの70年に、子どもの頃を回想した時の発言だ。「12歳の頃は自分が天才に違いないと考えていた。でも周りはそれがわからなかった。"自分は天才なのか、それとも頭がおかしいのか。誰もカヤの外に押し出そうとしなかったから頭がおかしいはずはない。ということは、オレは天才だ"なんて考えていた。天才は狂人の異種なんだな」。

この発言には、自虐的な響きは感じない。が、ここでもやはりgeniusとmadという、真逆の意味（もしかしたら紙一重の差かもしれないが）を持つ言葉が並んでいる。ここでもやはり、"自分は天才なのか、あるいは狂人なのか……"ということについて、12歳のローティーンの頃からよく考え、葛藤していたわけなのだ。

therefore, I'm a geniusから、この時期からジョンは達観していたとも感じられるが、自分がどういう人間なのかという判断を下せない、悩み多き人間であることをしっかり認識していたことがよく伝わる発言だ。

やはりジョンは徹底して人間臭い人物だった。

ジョンは下ネタも巧妙に使う

Tit tit tit tit ……

　オッパイ、オッパイ、オッパイ、オッパイ……

『ラバー・ソウル』に収録された「Girl」には、こんなコーラスがある。ジョンのヴォーカルのバックで、ポールとジョージがつぶやくようにこう唄っているのだ。メロディや曲のタッチに合わせた、いわゆるスキャットのように聴こえるが、tit は "オッパイ" や "乳首" を意味する卑語。ここではその卑語を連呼しているわけだ。

　このメランコリックなバラードにこのコーラス、思わず苦笑だが、これはどういうことなのか。ガラにもなく しとやかな 曲を書いてしまったことへのテレみたいなものがあり、下世話なところも作ってやろうとジョンは考えた……、などと筆者は思っている。案外そんな、他愛のない動機からだという気がするのだが、それはさておき、彼の曲にはこのテの下ネタが使われたものがいくつかある。

ちょっと露骨な「I am the Walrus」と
「Happiness is a Warm Gun」

「I am the Walrus」の曲の中ほど、"キミはいけない娘だね、すぐにニッカーズを下ろしちゃったり" と唄われているところはまさに。knickers というと、ニッカーボッカーを思い浮かべる人は多いだろうが、これは女性の下半身用の下着、つまりパンティのこと。"自分は卵男でセイウチだ" な

どと唄うこの曲に、どうしてパンティを下ろす女が出てくるのかを考える
と混乱するが、これもジョンならではの特異なイマジネーションの産物な
のだろう。ちなみにこの曲、この部分があまりに卑猥だとして、BBC（英
国放送協会）からは放送禁止処分を食らっている。こう唄われる少し前に
ある、"死んだ犬の目から黄色いカスタードがしたたる"という歌詞もグ
ロテスクだとされ、さまざまなところで取り沙汰された。

　ついでながらこの曲には、"No you're NOT! Said Little Nicola"とい
うサブタイトルがつけられていたことがある。"あなたじゃダメ！　とかわ
いいニコラがいった"、これもちょっと意味不明だ。

　ワイセツだとの理由でBBCでは放送禁止になった曲はもうひとつあ
る。『ザ・ビートルズ』の、「Happiness is a Warm Gun」がそれだ。これ
は後半にある、"キミをこの腕で抱いた時、キミのトリガーに指が触れた
と感じた時"というところがそんなふうに解釈されたのだが、この曲には
ほかにも、キワドい描写がいくつもある。それを記しておくと……。

　まずはこのタイトルだ。ウォーム・ガン、"温かい銃"は"火照りが残っ
たガン"、そこから"射精を終えたばかりの男性器"をさしているとも受け
取ることができる。だからこのタイトルは、"幸せなのはセックスのあと
だ"などといっているようにも考えられるのだ。またこれはセックス・ネ
タではないが、展開部では"落ち込んでるからフィクスがほしい"と唄わ
れている。フィクスはズバリ、ドラッグを意味するスラング。

　そのあとの部分も深読みさせる。"素晴らしい母がガンをジャンプさせ
……"のところは、"素晴らしい母"であるヨーコが自分の"ガン"、つまり
男性器を"ジャンプ"、いきり立たせる……、などと、そして"バンバンと

シュートする”という部分は、絶頂を迎える……、と……。さまざまなパートがそんな具合なのだ。

　さらに、「Come Together」にも勘ぐれるところはある。まずは唄い出しの、“シュッ”と聴こえるジョンのかけ声、これは“Shoot me!”と叫んでいるのだが、“オレを撃て”だから“オレを昇天させろ”といっているように考えられなくもない。そして中盤、“ヤツのアームチェアに包まれたら、ヤツの病気に気づくことができる”というところは、“ひとたびオレに抱かれたら、オレとのセックスの虜（とりこ）になる”などといおうとしていたのか、とも考えられる。またサビの、“今すぐにオレの上でいっしょに”という歌詞も意味深だし……。

　ちなみにこの「Come Together」は、チャック・ベリーの「You Can't Catch Me」を下地にしてジョンが作ったもの。その「You Can't〜」、じつはカー・セックスのことが暗に唄われたとされるナンバーなのだ。「Come Together」は、ある選挙のキャンペーン・ソングとして作られたと伝えられている。ドラッグの使用を支持していたアメリカの心理学者のティモシー・リアリーが、ロナルド・レーガンの対抗馬としてカリフォルニア州知事選に立候補する際の応援歌を作ってほしいとジョンに依頼してできたものなのだが、そんな下世話な曲が元ネタであり、唄われた内容も、選挙のキャンペーンに使えるようなものとはほど遠く……。政治をセックスにすり替えてしまう悪ふざけぶり、痛快としかいいようがない。

　……話はそれるが、「You Can't〜」をジョンがネタにしたことについて

少し。でき上がった「Come Together」の、一部があまりにこの曲に似すぎているとして、ジョンは曲の版権所有者から訴えられたことがある。その所有者から提示された解決策がユニークで、ジョンがこれをカヴァーすることだった。彼の 1975 年発表のカヴァー・アルバム『ロックンロール（Rock'n'Roll）』でこの曲が唄われているのはそのためなのだが、"ジョン・レノンのヴァージョンならかなり売れるだろう、そうすれば印税もガッポリ入る"と相手は考えたのだろう。当時の音楽ビジネスの世界の一面をうかがわせる、興味深いエピソードだ。

　話を戻す。じつはこの「Come Together」も前に記した2曲と同様、BBCでは放送禁止になっているのだ。が、その理由はセックスを連想させる表現があるからではなく、歌詞にコカ・コーラという商品名が出てくるからというものだった。BBCの担当者もジョンのキワドいダブル・ミーニング感覚は理解できなかったのだろう。そのコカ・コーラにしても、商品名としてではなく、コカインの暗喩として使ったものだというのに。

　……ほか、ジョンの曲には、"オマエがひどくほしい"、"彼女はヘヴィなんだ"、"オレを狂わせる"なんて言葉を繰り返した「I Want You」や、I dig a pygmy ～のところに記した「Dig a Pony」など、セックスを思わせる表現が出てくる曲がかなりある。それでも彼の場合、そんな比喩も、多くが特有のシャレ感覚にもとづいたものであるところが面白い。make love だとか get laid、また sleep with（どれも "セックスする" を表した俗語）などといった表現は使っておらず、なかなか巧妙なのだ。言葉遊びの達人・ジョンの面目躍如といったところか。

　「Girl」の Tit tit tit tit について最後に余談を。当時このコーラスのウラ

にあるオフザケ感覚を理解するものはあまりいなかったようで、ジョンは
それがおかしかったらしく、

We've always done dirty little things on records. In 'Girl',
the Beatles were singing 'Tit tit tit tit' in the background and
nobody notice. （レコードではいつもちょっとした下ネタをやってたよ。
「Girl」では "オッパイ、オッパイ、オッパイ、オッパイ" ってバックで唄っ
てたのに誰も気づかなかった）

とのちに語っている。ビートルズは言葉の面でも徹底的に遊んでいたこ
とが伝わる言葉だ。

もうひとつ。ジョンが射殺される少し前にリリースされた、ジョン・レ
ノン＆ヨーコ・オノ名義の『ダブル・ファンタジー（Double Fantasy）』に
は、「Woman」という曲がある。これはこの「Girl」が念頭にあって生ま
れた曲らしく、

'Woman' was a 'grown - up version' of the song 'Girl'.
（「Woman」は「Girl」の発展形だ）

と彼はいったことがある。

デビュー前にはチック（'Chick'、俗語で "スケ" という意味）なんて単
語が出てくるコースターズの「スリー・クール・キャッツ」をカヴァー、そ
してビートルズの中期にはこのガールで、解散後にはウーマンに。"スケ"
から "少女"、そして "婦人" というわけだ。ジョンの女性に対する意識は
成長していたのか。

みんなセックス・ネタは好きだった？

　最後にポールとジョージの下ネタについても少し。

　まずはポールの曲で、「Penny Lane」の歌詞に“フィッシュとフィンガーのパイ”というものが出てくる。これはリヴァプールに実在するペニー・レーン通りで、フィッシュ・アンド・フィンガーという名のパイが売られているように描かれているが、じつはそうではない。パイ、pieはリヴァプールでは、“女性器”を表す隠語として使われているのだ。フィッシュはイギリス人が好きなホット・フードのフィッシュ・アンド・チップスと考えていいだろうが、フィンガー・パイはその意味で訳すと“指のアソコ”、つまり女性のその部分の“愛撫”となる。そんな露骨なことを、ポールはあたかも軽食の名前のようにして表しているわけだ。その点でいえば彼もジョンと同様に巧妙だ。

　このパイという言葉をポールは結構好きだったようで、『ザ・ビートルズ』には「Haney Pie」と「Wild Honey Pie」という曲を寄せている。この２曲も少なからず思わせぶりだ。自分を狂わせたハニー・パイという名の女性に、“戻ってきておくれ”と懇願するような「Haney Pie」は、“愛しい（honeyにはそんな意味もある）アソコがまたほしい”といっているようにも考えられる。そしてポールひとりで録音された「Wild Honey Pie」のほうは、そのハニー・パイの名を連呼して、“愛してるよ”というだけだ。これも同じ欲望を表したものではないかと……。

　ポールはこうして、女性の体の一部をほのめかす言葉をよく使っていたようで、「Helter Skelter」にはボトムやトップという単語が出てくる。これはそれぞれ、“お尻”と“胸”のことだろう。パイも同様だが、ズバリと

いわないところは巧妙だ。

　そしてジョージ、彼にはあまり、このテの表現が使われた曲はない。が、ひとつだけひどく露骨なものがある。『リヴォルヴァー』収録の「Love You to」がそれで、make loveが何度も使われているのだ。この曲では最後のほうに、"誰がキミをスクリューするんだ"と唄われるところがあるのだが、この部分もどことなく いやらしげ。"誰がキミを引っかき回すんだ"、つまり、"誰がキミをメチャクチャに犯すんだ"などといっているようにも思える。

　みんな、セックス・ネタは好きだったようだ。

101

ポール・マッカートニーの言葉

You mean hair - don't?

（ヘア・ドントのことかい？）

　1960年代前半に行われた記者会見での、記者の質問に対するポールの返答だ。時代の寵児になったばかりだったこの当時、会見では音楽性とはあまり関係のないことを尋ねられることが多かったのだが、この質問も同様で、モップ・トップ・ヘア（日本では"マッシュルーム・カット"ともいわれた）についての質問で、女性に対して使われるhair-do（"髪を整えること"、"髪の整え方"といった意味）という言葉で髪型を尋ねた記者への返答だ。

短い言葉で本質を伝える能力

　記者がこの時代、女性のヘア・スタイルについてhair-doをあえて使った背景には、その記者にはビートルズの髪は男っぽくないという認識があったからだろう。まだ長髪の男イコール"異端"という時代だったのだ。

　この返答は、なかなかシャープだ。hair-don'tなどという言葉は実際には存在せず、そのhair-doからとっさに浮かんだシャレなのだが、そのシャレ……、don'tの部分を活かして深読みしてみると、「髪を整えることなんてしない、放っておいてこうなっただけだ」とポールはいいたかった、そんなふうに考えることができる。そしてそこには、"風貌よりも内実をみてほしい"という気持ちが根底にあった、などとも考えられる。

　コンサートや会見などオフィシャルの場に出る時は、いつも、スーツとネクタイによる正装を義務づけられていた時期だ。それゆえ、お行儀のいいアイドルのようにみられていたことに食傷し始めていた当時、彼らがそんなふうに考えていたとしてもおかしくはない。やはり揚げ足をとったような発想による、ちょっとナンセンスな、たった数語の返答。しかし、当時の彼らの心情を見事にいい得たものではなかろうか。

　hair-doからhair-don'tなんて言葉を瞬時に思いつく鋭い機転を持っていたとともに、短いセンテンスで当時に抱いていた気持ちをズバリと伝えてしまったわけだ。

　そんなポール・マッカートニーという人物を擁していたビートルズは、やはり表現という行為のすべてにおいてシャープなセンスを持つバンドだったといえる。

I'm always writing songs, and I've got a bunch that I want to record.

（僕はいつだって曲を書いているんだ。レコードにしたいものは大量にあるさ）

When I sit down to write a song, it's a kind of improvisation, but I formalize it a bit to get it into the studio, and when I step up to a microphone, I have a vague idea of what I'm about to do.

（部屋に落ち着いて曲を書く時は、即興みたいな感じだね。で、スタジオに入るまでにそれを少しずつきちんとした形にしていく。そうしてマイクの前に立った時には、作ろうと思うものの淡いアイデアができているんだ）

One of my biggest thrills for me still is sitting down with a guitar or a piano and just out of nowhere trying to make a song happen.

（僕にとっていちばん興奮を感じるのは、今もギターかピアノとともに部屋に落ち着いて、どこからともなく曲が生まれ出てくる瞬間なんだ）

　この３つはポール自身が、曲作りや録音にあたっての心境を素直に語った言葉。曲が生まれる時の、そしてそれを形にするまでの気分をシンプルに述べただけのものだが、どれからも音と接することを純粋に楽しむ、根っからのソングライターであることがつぶさに伝わって悪くない。

ポールのアーティスト性が巧みに表れた

　まずは最初のものから。これはalways writing ……といい切った前半
がスカッとしている。まったくシンプルな言葉ながらも、日々の生活のほ
とんどが曲作りのためにあることがストレートに伝わり、改めて彼のアー
ティストとしての特性が浮き彫りになった感じだ。これがそこそこ世間に
認められた程度のソングライターの言葉だったらば、"大風呂敷を広げや
がって……"などと受け取られかねないだろう。あれだけの偉業を成し遂
げた彼だからこそ説得力がある、そんな言葉でもある。

　そしてand以降。細かいことだが、ここには彼はやはりイギリス人なん
だな、と思わせる、ニヤリとさせられるいい方がある。andのあとの、I've
gotというのがそれだ。このI'veはI haveの略で、文法的にいうと現在完
了形なのだが、だからこれを直接的に日本語にすると "すでに得ている"、
つまり "所持している"、"持っている"。だから結果的にhaveと同じ意味
になるわけだ。

　アルバム『ヘルプ!』に収録された「Ticket to Ride」(邦題「涙の乗車
券」) の、"彼女はチケットを持って" と唄われるサビの部分でもこのhave
gotという表現は使われているが (ここは主語がsheだからhaveでなく
has)、イギリス人は、会話ではとくに、こうしてhaveをhave gotという
ことが多い。ここのI've got a bunch ……のI've gotもその意味で使われ
たもので、彼のイギリス人気質みたいなものが表れている。bunchは "束"
の意味だが、ここでは "大量の" の意味。たいていはbunch of ○○ (大量
の○○) とそのあとに何かを続けるのだが、これだけでいい切ったところ
も悪くない。この場合、○○に相当するのはmusical materials (音楽的素

材) なんてものか。どうあれ堂々とした言葉だ。

曲作りのありようがリアルに思い浮かぶ

ふたつ目は、ポールがアンビエント音楽を作ることを目的に、キリング・ジョークやジ・オーブなどにいたユースとともに90年代からスタートさせたユニットのファイアーマンについてのコメントだ。曲を作って録音するまでの流れをシンプルに、順を追って述べただけのものだが、それぞれの場面ごとで気分がどう移り変わっていくのかをリアルに思い描ける。

彼自身、実際に"部屋に座って"、また"スタジオに向かいながら"、そして"マイクを前にして"こうしているわけではないだろう。それでも、名曲の数々がどんなふうに生まれたのか、またその生まれ方は特別でなく、ごく自然な過程を経てのことだったという背景がストレートに伝わってくる。

improvisation（即興）やformalize it（きちんとした形にする）、a vague idea（淡いアイデア）などのキーになる言葉は、具体的な絵を浮かばせるものではない。しかしながらsit down（"座って"よりも、ここでは"部屋に落ち着いて"なんて雰囲気を思い浮かべるのが適切）、get into the studio（スタジオに入って）、step up to a microphone（マイクの前に立って）なんてその時の状況を表す具体的な表現と並ぶことで、曲ができるまでにポールがどんな気分でいて、またどんなふうに考えを巡らせているのかまでが伝わってくる。

improvisationは、アンビエントのような実験的な音楽を作るファイア

ーマンだから出てきた言葉だろう。が、この発言は、ビートルズ時代の曲作りのあり方もイメージさせる。「Hey Jude」はリヴィングに座って曲を書こうとしたらとっさにジュリアンのことが頭に浮かび、そしてスタジオに行くまでに"悪い方向に考えるな"や"怖がるなよ"といった歌詞がわき上がってきて、マイクの前に立った時に、後半のリフレインを思いっ切り長くしてやろう、と考えたのかもしれない。また「Lady Madonna」は、まず曜日を使うことを思いつき、そんな飾らない歌詞ならばストレートなロックのビートにしようと次の段階で考えて、ホーンをフィーチャーしてジャズっぽくするのもいいな、なんて感じだったのだろうか。「Eleanor Rigby」はクラシカルなタッチの曲を書こうとまずは考えて、ならば架空の人物を出すのも悪くないと、エリナー・リグビーという老女とマッケンジーという名の神父を登場させることにして、それならば、ストリングスをフィーチャーして荘厳に、などと考えが発展していったのか……。この言葉からは、曲作りのありようはもしかしてこんなふうではなかったか、などと勝手にイメージできて楽しい。曲作りを最大の喜びとするポールらしい、邪気のない言葉だ。

まったくの自然体ぶりを表した

　邪気がないといえば、やはり One of my …… で始まる３つ目だろう。曲が生まれる時の気分をストレートに表しただけのものだが、彼がまったくの自然体で曲を生み出していることがじつによく伝わってくる。out of nowhere（どこからともなく）というフレーズが、そんな自然体ぶりをさりげなく表しているし、make a song happen（"曲を偶然のように生じさ

せる"なんてニュアンス) からは、曲を作るにあたっての彼には、微塵も
邪心がないこともくみ取れる。そしてギターかピアノとともにそんなふう
にしている時が、still (今もって)、biggest thrill (最大の興奮時) なのだ。
　これもやはり、曲作りを何よりも楽しむ、天性のソングライターならで
はの言葉だといえるだろう。

Why would I retire? Sit at home and watch TV?
No thanks. I'd rather be out playing.
　(なんのために引退するんだい？　家でテレビでも見るためかい？　いや
結構。外で遊んでるほうがいい)

　ノホホンとしたなかにも前向きさが感じられる、筆者が好きなポールの
言葉だ。60歳にしてヘザー・ミルズという新しい妻を迎えた2002年のもの
で、"髪が薄くなる年になっても、キミといっしょに楽しい生活を送り
たい"と唄った「When I'm Sixty-Four」を、とっさに思い浮かべた言葉
だった。
　ご承知の方は多いだろうが、ヘザーとの結婚生活は、じつは決して順風
満帆ではなかった。家庭を重視するタイプのポールと、かつてモデルもし
ていたことのあるハデ好きのヘザーとはすれ違いが多く、最初から口論が
絶えなかったのだ。2003年にはベアトリスという女児を設けるも、間も
なく別居。そして結婚から4年後の2006年に、早くも離婚にいたってい
る。この離婚劇に際して、ヘザーにはポールから2430万ポンド (なんと

108

日本円にしておよそ47億円!) が慰謝料としてせしめたらしい。そしてそれを、たったの２年ほどで使い果たしてしまったというからすごい女だ。

　そんな相手だったとしても、こんな言葉を残していたということは、結婚当初はポールも喜色満面だったのだろう。前妻のリンダを亡くした悲しみから解放される相手とやっと出会えた喜びは、やはり大きかったのか。

気負いのなさがとてもいい

　英語的にみてみると、“家でテレビでも……”の一文には、Sitの前にWould Iが省略されている。“〜するというのかい?”という意味の疑問文を作るフレーズだ。そして最後の“外で……”の文の最初にあるI'd ratherは、I would ratherの略。こちらは“むしろ〜するほうがいい”という意味だ。

　wouldという助動詞は最初の一文にも使われている。通して会話的な、かなりカジュアルな言葉使いなのだが、引退という、いってみれば大きな転機について、こんなふうにラフな口調でサラリと語る気負いのなさがいい。このあとにI've never thought about such a thing.(そんなこと、考えたことすらないさ) なんて続けたげな潔さが感じ取れる。

　そしてSit at home and watch TVは、“無為な生活を送る”ことのたとえ。英米人は往々にして、こんな比喩表現を好む。ほかにも、bask in the sun doing nothing (何もせずに日向ぼっこする) だとか、play with cats in a living room (居間でネコと遊ぶ) といった具体的な、絵が浮かぶようなたとえがよく使われる。ポールも多分に漏れずそんな表現が好きだったことがうかがえ、人間味を感じさせる。

　最後のbe out playing（外で遊ぶ）も一種の比喩だろう。“（テレビを見るだけでなく）何かをして動いている”ことを意味しているのだが、その“何か”は「When I'm Sixty-Four」の歌詞にある、“ヒューズを直す”ことなのか、“自転車に乗る”ことか、あるいは“ガーデニングをする”ことなのか。いや、自然を愛好しつつも、音と戯れることを何よりも楽しむポールだ。ここはbe out or play with guitar（ギターを持って外に出て［音楽と］戯れる）なんていおうとしていたのではないか。そういった、さまざまなことをイメージさせる、ピュアなパートだ。

かつては日和ったような言葉も

　件の「When I'm Sixty-Four」の歌詞とともに、この言葉からはもうひとつ思い浮かべたものがある。1999年にリリースされた、往年のロックンロールのカヴァー・アルバム『ラン・デヴィル・ラン（Run Devil Run）』のプロモーションのために、ビートルズの古巣『キャヴァーン・クラブ』で行われた、やはりロックンロールのカヴァーばかりを聴かせたギグの時にポールが見せた、嬉々とした表情だ。

　この時のポールは57歳。64歳にはなっていなかったが、すでに高齢に近くなっていた時期だ。それでも、日本のテレビでも放映された、そのギグの最中に見られた彼の表情は、音と戯れることをこの上ない楽しみにする彼らしい、純真さをたたえていた。

そんなポールだが、彼はかつて、

Well, obviously we can't keep paying the same sort of music until we're about forty.（う～ん、40近くまで同じような音楽をやる

ことなんてできやしないよ）

　とも発言している。ビートルズが脚光を浴び始めたばかりの1963年、BBCのインタヴューでの発言だ。少しばかり日和ったようなニュアンスも感じ取れる言葉だが、まだ二十歳そこそこの時期のこと。やはり背伸びしていたということなのだろう。年齢を重ねるにつれて、無垢になっていったわけだ。上に挙げた言葉と並べてみてみると、そんな意識の移り変わりがのぞけて面白い。

I am alive and well and unconcerned about the rumours of my death. But if I were dead, I would be the last to know.
　（僕は元気に生きてて、自分が死んだという噂は気にしていない。でももし死んでたとしたら、それを知る最後の人間になるだろうね）

　ビートルズ後期のこと、"ポールはすでに死んでいて、今いるポールは替え玉だ"という噂がまことしやかに流れたことがある。いわゆる"ポール死亡説"、英語ではPaul is deadといわれた都市伝説だ。日本のメディアでも真偽がさまざま取り沙汰されたものだが、この言葉はその噂に対してポール本人が述べたもの。ノンシャランな、ごくサラリとした言葉ながら、ここからも当時の彼の精神状態が深読みできて面白い。

よくぞここまで……
　この噂が流布され始めたのは1969年、『アビー・ロード』の発売の少し

前のことだった。コトの発端は、アメリカのとある大学の学生新聞が、Is Beatle Paul McCartney Dead?(ビートルズのポール・マッカートニーは死んでいる?)という見出しの記事を載せ、それがアメリカのラジオで放送されたことだ。

　ポールがすでに死んでいるという根拠はいくつも上げられた。まず『アビー・ロード』のジャケット。横断歩道をわたる4人はそれぞれ、白のスーツを着たジョンは牧師、黒いスーツのリンゴは葬儀屋、ジーンズの上下といういでたちのジョージは墓堀人で、裸足のポールは埋葬される本人を表しているということ。イギリスでは死者を埋葬する際には靴を履かせないからだ。そしてその4人の後方に写るフォルクスワーゲンのナンバーが、"IF28"であること。"ビートル"の愛称を持つこの車が、"もし(if)生きていたら28歳(28)"とアピールしている、と解釈されたのだ。

　また同アルバム収録の「Come Together」の歌詞に、"1足す1足す1は3"という一文が出てくること。これはすなわち、"ビートルズはもう3人しかいない"といっている、というわけだ。さらに、『サージェント・ペパーズ』のジャケットに写るポールの頭上に、後ろの人物が手をかざしていることも。イギリスでは、死者に対してこうする習慣があり、だからポールも死人だ、とされたのだ。

　ほかにも、『サージェント・ペパーズ』の中ジャケットにある写真で、ポールがOfficially Pronounced Dead(公式死亡宣言)を表すOPDの文字が刺繍されたワッペンがついた服を着ていること、『マジカル・ミステリー・ツアー(Magical Mystery Tour)』の中ジャケットの写真でのポールは、胸に黒いバラをつけていること、また「Strawberry Fields Forever」の最後で、ジョンが *I buried Paul!* (オレはポールを埋葬した) と叫んでいること、などなど。ほかにもかなりの "根拠" が提示された。

　こうしたさまざまな考察はどれも覆されている。『アビー・ロード』のジャケットで裸足になったのは、"撮影の日は暑かったため履いていたサンダルを脱いでしまっただけだ" とポールはのちにいっている。また "1足す1足す〜" に関しては、ジョンが "三位一体" という考えを皮肉ったのだろうと関係者は話している。そして "OPDはOntario Police Department (オンタリオ州警察) のことだ" とポールは思い出しており、I buried Paul!　については、"ジョンはcranberry sauce (クランベリー・ソース) と叫んだんだ" とこれもまたポールに否定されている (アップルの広報担当だったデレク・テイラーによると、じつはI'm very bored. [ひどく退屈だ] だったとのことなのだが)。

　発端となった学生新聞は、よくぞここまで重箱の隅をつつくようにしてこんな説をデッチ上げたものだ、と呆れつつも感心するが、それだけビートルズはネタになったということだろう。

　余談ながらこの噂の効果もあって、『アビー・ロード』ほかポール死亡説の根拠となったアルバムの売り上げはぐんと上がっている。そのためこの噂を流した張本人は、じつはビートルズ自身だったのでは、と分析するものもいるのだが、その真相は不明だ。

ポール本人もかなりクールだった

　この噂について、メンバーは当時、コメントはほとんどしていない。1969年というとジョンやジョージをはじめ、それぞれがバンドよりも自

分のことを優先して考えるようになっていた時期だ。そんな折り、半ば白
けかけていたビートルズのいちメンバーに関しての、勝手に独り歩きして
いたこんな俗説に無関心だった気持ちは理解できる。

　しかし、ジョンたちがそんなふうだったとしても、ポールはひとり、ビー
トルズをなんとか前進させよう、と考えていたのだ。オマケにこの噂
の当事者。それでも彼自身も、この発言をみると、この流言に対して結構
クールだったことが伝わって面白い。まずはその噂を、自分はalive（存
命）でwell（元気）であるとごく簡単に否定、そしてそのあとには "無関
心な"、"無頓着な" なんて意味のunconcernという形容詞を使って、突
き放すような態度をみせている。かなり気になっていたのならば、It's
completely a made-up story.（まったくのデッチ上げだ）などと、面と
向かって否定するようにいうだろう。

　さらに、それからはwould be the last to knowとシャレたようにいっ
ている。この部分、訳は、"知る最後の人間になるだろう" としたが、これ
は実際、"自分が（死んでいるという噂を）いちばん最後に知る人物にな
る" といっていたわけではなく、"ずうーーーっと、ほぼ永遠に知ることは
ないだろう" なんてニュアンスだ。つまり、"もし本当に死んでいたとし
たら、知ることなんかできっこない" という、まったく当たり前のことを
いおうとしていたわけなのだ。英米人はlastという形容詞を、しばしば
こんなふうに使う。He is the last guy to do such a stupid thing.（"彼はそ
んなバカなことをする最後のヤツだ" の直訳から転じて、"彼は間違って
もそんなバカなことをするヤツじゃない" という意味になる）などとよく
いうのだが、ポールのこの表現も、こうした一般的な英米人の言葉の慣習

から出てきたものだろう。そんなところをみても、当事者であるというのにかなり引いた、冷静な立場でこの噂に接していたことがトータルで伝わる。

　ビートルズはこの時期、メンバーにとって "自分たちの手を離れた一般的な存在" になっていた。半ば躍起になってバンドを牽引しようとしていたポールも、無意識のうちにそう感じていたのではないかとこの言葉からは思わされたりもする。

　こんなふうにクールだったポールも、あまりに騒がしくなったことに辟易（へきえき）してか、真偽を明らかにする機会を作っている。グラフ雑誌『LIFE』のインタヴューで、その真相を述べているのだ。表紙にポール自身と、結婚してそう月日が経っていなかったリンダ、そしてふたりの娘が写る写真が使われ、THE CASE OF THE "MISSING" BEATLE Paul is still with us（" '行方不明' のビートルズのひとり、ポールはまだここにいる" なんて感じか）とその右上に記されたその『LIFE』誌の1969年の終わりに近い号に掲載されている。

　そのなかで彼は、

Perhaps the rumour started because I haven't been much in the press lately. I have done enough press for a lifetime, and I don't have anything to say these days. I am happy to be with my family and I will work when I work. I was switched on for ten years and I never switched off. Now I am switching off whenever I can. I would rather be a little less famous these days. （たぶん、このところあまりメディアに出てないからこういう噂が

出始めたんだろう。メディアに出ることはもう一生分は体験してるし、最近は話すこともなくなってるからね。家族といっしょにいるのが幸せだよ、仕事をする時はするけれど。ここ10年はスウィッチが入るばかりで切れることはなかった。でも今はできる時にはスウィッチは切ってるんだ。だから最近は知名度も少し落ちただろうけど)

と述べているのだ。家族を大切にするポールらしい言葉だが、これもやはりちょっとクールだ。

I definitely did look up to John. We all looked up to John. He was older and he was very much the leader; he was the quickest wit and the smartest.

(ジョンには確かにいちもく置いていたよ。みんなそうしていた。彼は年上だったし、いいリーダーだった。彼はいちばん機転も利いたし頭もバツグンによかったからね)

1980年代半ば、ビートルズ解散から10数年を経ての、ジョンのことを評したポールの言葉。1970年の解散ののち、ふたりはしばらくの間、反目し合うような様子もみせていたが、この言葉からはポールはジョンに対して、心の底では深い親愛の念を持っていたことが伝わる。事実、彼はニューヨークの自宅近くでジョンが射殺されるという衝撃的な出来事があった1980年の末以降、ショックのあまり、しばらく家に閉じこもったままだったという。当時の反目は、いわば近親憎悪のようなものだったのだろ

う。

　まずdefinitely（確実に、絶対に）という副詞を使ってlook up（尊敬する、敬う）していたことをきっぱりと断定、さらにdo、ここでは過去だからdidだが、これを加えているところにそんな親愛感はよく表れている。主語のあとに来る動詞の前にこうしてdoを入れると、その文章を強調することになるのだ。だからここは、"ともあれジョンには絶対に……"というニュアンスになる。

　その次の文のWe all（僕らみんな）は、自分とジョージ、リンゴのことだろう。続く、he was very much the readerも、"とてもいいリーダーだった"ということの強調だと考えられる。そして最後にはquickest、smartest、最上級を使って褒め上げているのだ。ちょっと気恥ずかしくなるほどピュアな、賞賛の言葉だ。

ピュアだったデビュー前の様相をうかがわせる

　ポールとジョンが出会ったのは1957年のこと。ジョンが率いていたクォーリーメンが、リヴァプールはウールトン地区にあるセント・ピーターズ・チャーチの裏庭でコンサートを行った時に、共通の友人に紹介されたのが最初だった。その時にジョンは、ポールのギターのうまさにビックリしたのだ。それまではギターを、バンジョーのチューニングで取り繕うように弾いていたジョンが、きちんとしたチューニングでギターを弾けるポールを"すごい!"と感じた、という話はよく伝えられている。かくしてジョンはすぐさまポールをメンバーに誘い、ポールも承諾。ふたりの深い関係はこうしてスタートした。ちなみにポールは当初、クォーリーメンでは

ギターを弾いていたのだ。

　はじめはこんなふうに、ポールはジョンができなかったことをフォローするような立場だった。そういう意味では、ジョンのほうがポールに尊敬の念を抱いていたのではないかとも考えられる。が、ジョンはそんな負い目をものともせず、ずっとクォーリーメンのフロントを務めながら、リーダーシップを執っていたのだ。のち、ポールに紹介されたジョージや、"5人目のビートルズ"としばしばいわれたステュアート・サトクリフら主要メンバーの加入を決めたのは彼だったし、活動の場を増やす努力もジョンはかなりしている。バンドの基礎固めになったハンブルクでの巡業公演を仲介したアラン・ウィリアムズも、彼が交渉して決めた興行師だった。

　さかのぼって16歳の時、ジョンはすでに「Hello Little Girl」というオリジナル曲を作っている。この曲は『アンソロジー（Anthology）』で聴けるが、古き好き時代のロックンロールが好きなジョンらしい、ポップなナンバーだ。また"こんにちはかわいいお嬢ちゃん"なんて訳せるタイトルも時代をしのばせてかなりいい。

　そんなジョンの、音楽とバンドに向けた情熱を、ポールは感嘆の眼差しでみていたということだろう。クォーリーメンは後期、バンド名を変えて、ジョニー＆ムーンドッグスと名乗っていたことがある。ジョニー、Johnnyはジョンの愛称だ。だから"ジョンくんと半月たち"なんて意味になるのだが、こんなふうに名乗ったのは、ポールをはじめとして、ジョンの周りにいたものたちはみんな、ジョンがいてこそバンドは成り立っていたと考えていたことの証ではないか。

　ポールのこの言葉からは、こんな、デビュー前のピュアだった時代の様

相がうかがえたりもする。ごくシンプルながらも、ちょっとワクワクさせる言葉だ。

　なおジョンの一途な情熱は、サトクリフの生涯をつづったイアン・ソフトリー監督の映画『バック・ビート』にリアルに描き出されている。ビートルズを意外な側面から映し出した、なかなか観応えのある映画だ。

The thing is that if somebody from Japan, if a dancing troupe from Japan goes to Britain, nobody tries to say in Britain that they're violating the traditional lows, you know, or that they're trying to spoil anything. All we're doing is coming here and singing because we've been asked to.

（重要なのは、もし日本から誰か、舞踏団がイギリスに来ても、イギリスの伝統的な法を犯してるとイギリスではいわないし、いいかい、何かをメチャクチャにしてるともいおうとはしない。僕らは頼まれたからここに来て唄っているんだよ）

　1966年、公演のために初めてビートルズが来日した際に行われた記者会見での、ポールの返答。当時日本で盛んに行われていた、武道館公演への反対運動に関しての、ロイター通信の記者の質問に対しての発言だ。ポールにしては珍しくクリティカルな発言だが、腹を立てているようにみえる半面、白けているようなところがあるのはちょっと面白い。

異常なほど過熱していた反対運動

　ビートルズが武道館でコンサートをやることがメディアで発表された
のは、1966年の4月だった。当時、頭の固い知識人の間で、"日本武道の
聖地であるこの場所で外国人のコンサートとは何ごとか!"という声が矢
継ぎ早に上げられる。まずは政治評論家の細川隆元と時事評論家の小汀
利得がTBSの討論番組『時事放談』で、ビートルズのことを"コジキ芸人"
と呼んで非難。また"プロ野球の父"、"テレビ放送の父"と呼ばれた正力
松太郎も、同様の激しい抗議の声を上げた。公演を主催する読売新聞の社
主だったというのにそんな態度をとった正力は、ビートルズという名前を
マトモに覚えておらず、週刊誌の取材で「ペートルなんとか」といったと
いうのは、笑い話のようにして近年にも伝わる、有名な逸話だ。コジキ芸
人呼ばわりした細川と小汀はそののち、同番組にビートルズ・ファンを呼
んで討論しているのだが、その時にはファンのことを、差別用語を使って
まで執拗にコキおろしている。

　メディアのみならず、街頭でも反対運動は繰り広げられた。徹底した
右翼主義者の赤尾敏が率いる日本愛国党は、街宣車を使って公演反対を
アジテーション。そしてそんな赤尾に同調するものたちが、"Beatles Go
Home"(ビートルズ帰れ)の横断幕を掲げて演説をしていた。さらに政界
でも、時の首相の佐藤栄作が、「あまり好ましいことではない」などと側近
には話している。

　この時期、中学校や高等学校には、コンサートに行くことのみならず、
ビートルズのレコードを聴くことも禁じていたところがあった。理由は
"不良になるから"という、まったくもって根拠のはっきりしないものだ。

それほどまでに、反対運動は過熱していた。まさに異常と思えるほどだったのだ。

ビートルズは日本の知識人たちより冷静だった

　メンバーにとって、こうした反対運動は、かなり意外だったのだろう。と同時にこのポールの返答をみると、少しばかり鼻白んでいたことが伝わってくる。

　まずは冒頭に、The thing is 〜というフレーズがある。これは、“何がいいたいかっていうとね”、“要はね”といった意味の、ポイントになることを切り出す前などにネイティヴがよく使う常套句だ。“こんなこといわなくてもわかってるだろうけど”なんて含みもある、かなりカジュアルなもので、“舞踏団ならば……”などという極端な例示をしたそのあとをみてみると、ここでは子どもを諭すようなニュアンスで使われている。

　そして後半は“法を犯して……”、“メチャクチャにして……”と、理路整然と続く。このなかにあるyou knowは、英米人が会話の最中に、口癖のようにして頻繁に使うフレーズ。あえて日本語にすれば、“だからさ”だとか、“ええっと、ね”といった感じになる、会話のちょっとしたつなぎの時に出てくる、ほとんど定番のような言葉なのだ。この場合は、“伝統的な舞踏団が法を犯したりメチャクチャなことをしたりするとは誰もいわないだろう”という、陳腐なほどに常識をわきまえた表現であることを考えると、“あのね、いうまでもないけれど”という感じで、the thing is 〜と近いニュアンスで出てきたものだと考えられる。そして最後には、半ば開き直ったように、“頼まれたから……”。通してひどく淡々としたタッチが

表れた返答だ。

　この会見では、ポールは同じロイターの記者の、"世界のほかの国のティーンエイジャーのファンと日本のファンはどう違うか"という質問に対して、

I think the only difference with fans anywhere is that they speak different languages. That's all.（どこのファンでも違うのは彼らが話す言葉だけだと思うよ。それだけのことさ）

と応えている。日本について取り立てて特別な想いはなかったことが伝わる、ごくフラットな返答。そんな意識だったならば、あの過剰な反対運動は異様に映って当然だっただろう。そんな気持ちをstupidだとかridiculous、またnonsense（どれも"バカバカしい"という意味）なんてダイレクトな言葉を使わずに、こんなふうに表したわけだ。ビートルズは当時の日本の知識人よりも、ずっと冷静だったことが伝わってくる。

　ちなみにジョンはこの、反対運動に関する質問に対しては、

Better to watch singing than wrestling, anyway.（レスリングよりも歌を観るほうがいいんじゃないかな、どうであれ）

とシャレっぽく応えている。このはぐらかし方、ジョンらしくてちょっとユニークだ。

We didn't all get into music for a job! We got into music to avoid a job, in truth - and get lots of girls.

（僕らはみんな仕事のために音楽をやろうとしてたんじゃない！　仕事か

ら逃れるためにやったんだ、本当だよ。……それと女の子をたくさんつか
まえるためにさ）

　ポールのちょっとくだけた発言。やはりロックにのめり込んでバンドを
始めたきっかけなんて、どこの誰でも同じようなものだと思わせる、ニヤ
リとしてしまう言葉だ。ビートルズのメンバーも同様だった。当初はどこ
にでもいる、若者らしい煩悩を持つ少年だったことが伝わる、のほほんと
させられる言葉ではなかろうか。ビートルズ後期にはジョンに代わってバン
ドの牽引役を務め、ソロになってからも映画音楽を手がけたり、違うフィ
ールドのビッグ・ネームとデュオでヒットを飛ばしたりと、大局的な視
野をずっと持ち続けるポールも、少年時代はごくフツーだったことがうか
がえ、ホッとする。

人間味を感じさせる、ピュアでかわいらしい響き

　ポールがロックンロールにのめり込むようになったきっかけは、ミドル
ティーンの時にビル・ヘイリーやエルヴィス・プレスリーに出会ったこと
だった。
　*It was Elvis who really got me hooked on beat music. When I
heard 'Heartbreak Hotel' I thought, this is it.*（ビート音楽にのめ
り込ませたのはエルヴィスその人だったよ。「ハートブレイク・ホテル」を
聴いた時、これだ、と思ったからね）
　と語るように、プレスリーとの出会いは衝撃的だったようで、それから
は覚えたてのギターを弾きまくり、髪もリーゼントにして、いっぱしのテ

ディ・ボーイを気取り始めた。

　そんななか、15歳にして母のメアリーがガンのため死去。それ以降、彼は寂しさを紛わらすようにギターに熱中、素行も少しばかりよくなくなっているのだが、その時期の彼のありようが感じ取れる言葉だ。

　ここで二度出てくるjob、"仕事"は、オフィスに勤めるような"日々の仕事"のことだろう。そして音楽をやろうとしたのは、それをavoid、"回避する"ために、またget lot of girls、"女の子をたくさんゲットする"ために。become rich（金持ちになる）だとか、become famous（有名になる）などといわないところが子どもっぽくも純粋だ。もちろん金も人気も手に入れたいという欲求はあっただろう。が、当面はルーティンのような仕事はせずにいられて、女の子からチヤホヤされればそれでいい、などとごく単純に考えていたことがうかがえる。そしてそんなふうだったことを、in truth（本当に、実際に）なんて言葉を使ってはっきりいい切っているあたりには、ピュアさが感じられ、どことなくかわいらしくていい。

　あれだけの偉業を成し遂げたポールにも、こんなふうに人間臭いところがあった。だが、人をひきつける音楽を作り続けられたのは、そんな人間味があったからこそのことだ。やはり人間的なところのないアーティストが作るアートなど、面白くもなんともない。そんなことまでをも考えさせる言葉だ。

　裏表がまったくないこの言葉、どちらかというと感覚的で本能的なジョンのほうに似合いそうだ。まあジョンも、歌とギターを始めた頃には、似たようなことを考えていただろうが、ジョンよりも性格的には大人のポールがこんなことを口にしているところも面白い。それでも、weを主語に

してallという言葉を加え、"メンバー全員"がそんな感じだったとしているところはポールらしい冷静さが出た感じだ。ジョンだったらば主語は一人称にして、Get into music for a job? I've never thought about that.（仕事のために音楽を？　そんなこと考えもしたことはなかった）などと簡単にいっていたのではないか。

　ついでながらポールは、*My so-called career is a haphazard thing.*（いわゆる僕の経歴なんて行き当たりばったりのものさ）なんて言葉も残している。これも裏表がなく、かなり感覚的で面白い。

There are only four people who knew what the Beatles were about anyway.

（ともあれビートルズがなんだったかわかってたのは4人だけだよ）

The Beatles were always a great band. Nothing more, nothing less.

（ビートルズはずっと素晴らしいバンドだった。それ以上でも、それ以下でもない）

　2010年を少しすぎたあたりから頻繁に行われているポールの来日公演には、どれも足を運んでいる。エンターテインメント性の高いステージは、もちろん存分に楽しんだ。と同時にいつも感じていたのは、"ビートルズを引きずってるな……"なんてこと。コンサートのポイントとなる部分で聴かせるのは、たいていビートルズ時代のナンバーなのだ。

　これがジョンやジョージならばどうだろうか。ふたりがもし存命で、ワールド・ツアーをやっていたとしても、そんな選曲にはしないのではないかと思う。ジョージはバンド時代にはそう多く曲を寄せていないから、当然そうはならないだろう。ジョンにしても、"ファン・サーヴィスのために往年の曲を……"なんて発想は持ちそうもない。リンゴはどうか。自作の曲は「Don't Pass Me by」と「Octopus's Garden」の2曲だけだから、いわずもがなだ。これほど昔の曲を織り交ぜたコンサートをするのは、ポールだけだと考えていいように思う。

"ビートルズはビートルズでしかない"という意識

　それでも、このふたつの言葉をみてみると、ポールはビートルズのことを、冷静な立場で客観的にとらえていることが伝わる。

　まずは最初の言葉について、このなかにある four people、"4 人"はいうまでもなく、自分を含めたメンバーのこと。そして"ビートルズがなんだったかをわかっていたのはその4 人だけだ"ということを、only（だけ）や anyway（ともかく）なんて単語を使って、突き放すようにいい切っている。メディアをはじめ、周りが与えてきた評価はどれも筋違いだ、とでも考えているということか。まあ、そこまで批判的ではなくとも、"なんとでも自由にいえばいい"などとクールに考えていることが、ふたつ目の言葉からはみてとれる。

　そして、ビートルズのことを a great band とだけで簡単に片づけているところが潔い。こんなふうにピシャリといい切れたのは、当時の活動に信念を持っていたからこそのことだろう。a band showed a new concept

（新しい概念を提示したバンド）だとか、a band that developed the popular music（ポピュラー音楽を発展させたバンド）、などと説明的にしていないところに、その強い信念は表れている。

　そしてそのあとに続く、Nothing more, nothing lessという言葉も印象的だ。これは諦観したような気分を表すフレーズで、ネイティヴはShe's just a cocky woman. Nothing more, nothing less.（彼女はただの生意気な女さ。それ以上でも、それ以下でもない）などとして、時に少し皮肉っぽく使ったりもするものだ。"ただそれだけのことだよ"なんて含みがウラにはあるフレーズで、こんなものをごくサラリと使ったところには、ビートルズはすでに完結した、過去のバンドだと結論づけていることがうかがえたりもする。シンプルでわかりやすい表現で埋められながらも、ちょっと堂々とした言葉だ。

　このふたつからは、ポールは"ビートルズはあの時代を生きたビートルズでしかない"と考えていることが伝わる。そうした意識の表明のようにも響く言葉だが、それでも、少しも重く響かないところがいい。

　このあとにThat's it.（そういうことさ）と、そうしてWhat's the most important is living here and now.（いちばん大切なのは今ここを生きることだ）なんて言葉がアッサリと続きそうだ。

仮タイトルのつけ方

　ここに挙げるのは、ポールが完成前の自作の曲につけていた、仮のタイトル。曲があらかたでき上がった段階で、"とりあえずはこれにしておくか……"といった感じで名づけておいたものだ。

Seventeen

　これはだいたい想像がつくだろう。「I Saw Her Standing There」の仮題だ。"彼女はまだ、たったの17歳だったんだぜ"なんて歌詞でスタートする、その17歳の彼女のことが唄われたナンバーだ。ストレートなロックンロールだし、"ならばまあ、こんなシンプルなものでいいだろう"ということだろう。

Scrambled Egg

　これは今もってポール屈指の名曲として誉れ高い、「Yesterday」のもの。このドリーミーなナンバーの仮題が、どうしてこんな、リアリスティックな料理の名前だったのか。この曲ができた経緯については、ポール自身が語った言葉がある。

　I was living in a little flat at a top of a house and I had a piano by my bed. I woke up one morning with a tune in my head, and I thought, 'Hey, I don't know this tune, or do I?' (最上階の小さなフラットに住んでいて、ベッドのワキにはピアノがあったん

だ。ある朝目覚めると頭になかに曲が流れていて、“おい、これは知らない曲だ、いや、知ってるのか？”と思ったよ）

　つまり、この名曲はベッドで夢うつつのうちにできたものなのだ。起き抜けの状態で曲が生まれるとは、さすがは天賦のソングライターであるポール！　と驚愕させられるが、どうしてこんな仮題がつけられていたのかというと……、これがちょっと笑える。“さてこの曲のタイトルは……？”と考えるも、起きたばかりだったため、思考は朝食のことに向かうばかり。そうしてイングリッシュ・ブレックファストでは定番メニューであるこの卵料理が頭に浮かんできた。そんなわけでこの、「Scrambled Egg」にしておいた、というわけなのだ。よほど空腹だったのかもしれない。

Aunty Jinn's Theme

『ヘルプ！』に収録された「I've Just Seen Your Face」（邦題「夢の人」）につけられたもの。やはりドリーミーなナンバーだが、この仮題がつけられていたわけは意外と安易で、彼にはジンという名の、実のおば（auntyはaunt［おば］の、ちょっとくだけた口語的ないい方。“オバチャン”なんてニュアンス）がいたからだ。この曲ができたての、いまだ歌詞がついていなかった時に、たまたまいっしょだったそのジンおばさんにメロディだけを聴かせてみたところ、彼女はとても気に入ってくれた。ならばということで、この“ジンおばさんのテーマ”という仮題にしたわけだ。できたばかりの曲をすぐ聴かせたことといい、仮題に名前を使ったことといい、このジンおばさんには親しみを感じていたことがよくわかる。

Good Day's Sunshine

　これはすぐにおわかりだろう、『リヴォルヴァー』の「Good Day Sunshine」の仮題だ。もともとはdayのあとに's がついていて、"いい日の陽射し"というスムーズな流れだったのに、どうして正式なタイトルはそれを省いて、"いい日、陽射し"と単語を並べただけのラフなものにしたのかは不明。もともと歌詞には's がついていたのだが、唄ってみて、ないほうがメロディに乗りやすいから取ってしまい、タイトルもそのままにした、なんて経緯があったのではないかと思われる。

Hello, Hello

「Hello Goodbye」につけられたもの。歌詞にこの"ハロー"という言葉が続くパートがあるため、最初はこうしておいたのだろう。が、曲のなかでのHello, helloは、自分とまったく逆のことばかりいう相手に、"ちょっと待ってくれよ……"などと異議をとなえるような呼びかけのニュアンスで使われている（あえて日本語にすれば、"なあ、おい"なんて感じだ）。曲を最初から聴いていればそのニュアンスは伝わるだろうから問題はないが、これだけ取り出すと、まるで電話の「もしもし」みたいでちょっと変だ。そこで少し頭をヒネリ、"ハロー"とはまったく逆の意味の、歌詞にも使った"グッドバイ"をつなげるのも、シンプルながら意外性があって面白いのではないかと考えた。そんな感じで「Hello Goodbye」にしたのだろう。

On My Way Home

　これもこの言葉が歌詞に使われた曲があるので、ファンの方ならばすぐに察しがつくだろう。「Two of Us」の仮題だ。この曲について、"僕たちふたり"というタイトルの"ふたり"は、ポール自身は彼とリンダの"ふたり"のことだと語ったことがある。が、"キミと僕はどこにも行きつかない紙を追い求める"という歌詞からは、ポールとジョンの"ふたり"であると受け取ることもできる。この部分は"なんの意味もない契約書に惑わされる"ともウラ読みができるからだ。

　つまり、あえて真意をボカしたような曲なのだ。だから、最初は歌詞に使った、"家に帰る途中"という明快な意味の言葉をタイトルにしておいた。が、よく考えて、少し淡い言葉にしたほうが曲のタッチには合うのではないかと思い直し、このtwo of usにすることにした。そんな感じで決まったタイトルなのではなかろうかと思う。

　こんなふうに、曲の仮題やタイトルを検証してみると、ポールには思慮深い一面とともに、意外と安易なところがあることがわかって面白い。ことに"スクランブルド・エッグ"や"ジンおばさんのテーマ"などはロマンをほとんど感じられない、失笑すら出てきそうなタイトルだ。これ以外にも、「Sgt. Pepper's Lonely Hearts Club Band」は当初、「Dr. Pepper」というタイトルだったのだが、同じ名前の飲みものがアメリカにあることがわかってやめることにしたというエピソードがある。ポールもビートルズの時代は、かなりの直感人間だったということだ。

曲名にはみんな一苦労

　ほかのメンバーはどうだったのかを最後に少し。

　まずジョンだが、元来の面倒臭がり屋だった彼は、制作途中の曲に仮題をつけるようなことはあまりしなかった。それどころか、タイトルが決まらずにレコーディングに入ってしまった曲もいくつかある。「She Said She Said」や「Good Night」、「Everybody's Got Something to Hide Except Me and My Monkey」などがそうだ。

　ジョージも似たようなところがあった。「Within You Without You」や「Only a Northern Song」なども、タイトルが決まる前にレコーディングに入った曲だ。仮題がつけられた曲はあった。が、それも、「Love You To」のGranny Smith（グラニー・スミス。リンゴの一品種の名前）という内容とまったく関係ない、また「For You Blue」のGeorge's Blues（ジョージのブルース）というかなり直接的な（投げやりな？）ものだった。

　ちなみにグラニー・スミスというリンゴは、アップル・コアのロゴマークに使われていた青リンゴのこと。ジョンはこの仮題をかなり気に入っていたようで、「I Want to Tell You」のタイトルをなかなか決めようとしなかったジョージに、「"グラニー・スミス・パート2"にしたらどうだ」と皮肉っぽくいったという話がある。曲名決定には、みんな苦労したようだ。

ジョージ・ハリソンの言葉

If Dupuis doesn't want the medal, he had better give it to us. Then we can give it to our manager, Brian Epstein. MBE really stands for 'Mr. Brian Epstein'.

（もしデュピュイが勲章をいらないのなら、僕らにくれればいい。そうすればマネージャーのブライアン・エプスタインにあげられるからね。だってMBEは、本当は"ミスター・ブライアン・エプスタイン"の略なんだから）

ジョンやリンゴほどではなかったが、ジョージもまたダジャレが好きだった。そんな一面が出た言葉がこれ。1965年、ビートルズがMBE勲章を受章したことについてのさまざまな反響を受けてのものだ。ちなみにMBEは、Most Excellent Order of the British Empire（もっとも優れた大英帝国勲章）の略。

MBE＝Mr. Brian Epstein?

　ビートルズが受賞したのは、イギリス国家に多大な経済的貢献があった
という理由でのこと。が、いまだコンサヴァティヴな風潮が根強く残って
いたこの当時、"こんな薄汚い４人の若者が"などと反発するものが続出
し、受賞者のなかには"いっしょにされたくない"として、勲章を返上す
るものもいた。おもに元軍人に多かったのだが、そのなかにヘクター・デ
ピュイという政治家がおり、このコメントは、そのことについてのものだ。
勲章の受賞について、バッキンガム宮殿での授与式の写真を見ると、メン
バーは一応、喜んでいたかのようにみえる。が、実際は醒めていた……、
とまではいかないものの、それほど大そうなことだとは考えていなかっ
た。現にジョンはのち、勲章を育ての親のミミおばさんにアッサリとあげ
てしまっているのだ。またリンゴはこの授与式で、*No, I was the last to
join. I'm the little fellow.*（いえ、最後に参加したんです。チビですか
ら）などと、エリザベス女王にいっている（166ページを参照）。

　ジョージも同様の気分だったことは、このコメントからも伝わってく
る。後半の、"MBEは〜"のところでMBE really stands forと、really、
"本当は"という副詞を入れているところからは、"MBEなんて大そうな
ものじゃない"なんて意識がくみ取れる。さらに前半、"デピュイがいらな
いのなら、僕らに"からは、"勲章をもらった政治家がナンボのもんだ"な
んて気持ちが隠されていることがよくわかる。

　だからといってMBEを自分たちに授与するイギリス国家やそんな政治
家たちを、攻撃しようだとか、こき下ろそうだとかしたいわけではなかっ
た。むしろ、政治家たちなんてどうってこともないと思っていて、シャレ

の対象にしてしまっていたからビートルズは面白いのだ。

　それにしても、MBA は Mr. Brian Epstein ……。英米人はこうした
アブリヴィエーション（略語）に勝手な言葉を当てはめてよく楽しむも
の。NSA（National Security Agency、アメリカ国家安全保障局）を No
Such Agency（そんな機関はない）などといって笑ったり、これもその類
のシャレだが、じつにさりげなくポイントを突いたものではなかろうか。
ビートルズは徹底して諧謔精神に満ちたバンドだった。

Well, I don't like your tie for a start.
（そうだな、まずアンタのネクタイがイヤだよ）

　ビートルズのデビューは 1962 年の 10 月。デビュー曲「Love Me Do」
は中ヒットだったが、続く「Please Please Me」に「From Me to You」、
そして「She Loves You」、「I Want to Hold Your Hand」（邦題「抱きし
めたい」）が立て続けにナンバー・ワン・ヒットを記録、いきなりスターダ
ムにのし上がった。こんな記録をみると、最初から怖いもの知らずのバン
ドだったと考える向きもいるかもしれないが、彼らもデビュー前は緊張す
ることがあった。これはそんな、いまだ青臭かった時期の、ジョージの言
葉だ。

マーティンの前ではみんな緊張していた
　ジョージがこの発言をしたのは「Love Me Do」でデビューする直前の、

1962年6月のこと。4人はのちに作品のプロデュースを長年務めること
になる、彼らにとってはなくてはならない名プロデューサーであるジョー
ジ・マーティンと、EMIスタジオ（のちのアビー・ロード・スタジオ）で対
面した。オーディションを兼ねてのことで、マーティンがパーロフォン・
レコードのディレクターだった時期だ。

その日、マーティンはビートルズの演奏を聴いたあとのミーティング
で、ずっと緊張しっぱなしだったメンバーに、何か気に入らないことはな
いかと尋ねた。それに対しての、ジョージの答えがこれだったのだ。

その日のこと、マーティンはすぐ、自身のパーロフォンと契約すること
に決めている。が、じつは彼は、それまではビートルズの演奏力や音楽性
について、それほど高くは評価していなかったのだ。当時のマネージャー
だったブライアン・エプスタインが事前に彼のもとに持ち込んでいたデ
モンストレーション用のテープについては"ひどいシロモノだった"と語
っているし、この日スタジオにメンバーを招いたのは、そのエプスタイン
の、執拗なほど熱心なアプローチがあったからだった。

ではなぜマーティンは契約を即断したのか。当時パーロフォンが扱って
いたのはピーター・セラーズやスパイク・ミリガンといったコメディアン
のレコードばかりであり、いささかイメージがよくなかったため方向転換
を図っていたから、というのが大きかった。正統なロックやポップスのア
ーティストを必要としていた時期だったからなのだが、それとともに、マ
ーティン自身がビートルズのメンバーが持っていたユーモアのセンスを
いたく気に入ったからでもあったのだ。

ユーモアは身を助く？

じつはEMIスタジオには、スタジオのスタッフのみならず、録音するミュージシャンも含めて出入りするものはすべて白のワイシャツにネクタイ、そして背広を着用しなければならないという決まりがこの時期にはあった。その日はビートルズの４人もそんな、かしこまった格好でマーティンと会っていたはずだ。デビュー前からメンバーの身なりをかなり気にしていたエプスタインのこと、これからの活動を左右する人物と会うわけだから、きちんとした格好でという指示を出していたことは、想像に難くない。マーティンはそんな、あまり似合っているとはいえない正装をしながらも、あえてアウトサイダーを気取ったようなことをいうジョージや、ジョークを物怖じせずに連発していたというジョンやポールに、これまで出会ってきたアーティストにはない新鮮な何かを感じ取った。一生懸命イキがっていたようにみえて、"かわいいヤツらだ"などと思ったのかもしれない。

芸は身を助く、ならぬ、ユーモアは身を助く、というわけだ。ジョージもマーティンの正装が本当に気に入らなかったのではなく、好きでもないネクタイをしなければならなかった自分への皮肉を込めて、こんなふうにいったのではないか。

最後に余談として、EMIスタジオの、出入りするものは正装しなければならないという決まりを最初に破ったのは、ビートルズだったことをつけ加えておく。

But the Eastern concept is that whatever happens is all meant to be, and that there's no such thing as coincidence, every little item that's going down has a purpose.

（でも東洋の考えでは起こるものは起こるべくして起こるもので偶然なんてないんだ。どんな細かい出来事にも意味がある）

The best thing you can give is God consciousness. Manifest your own divinity first. The truth is there. It's right within us all. Understand what you are. If people would just wake up to what's real, there would be no misery in the world.

（人にできるいちばんのことは神に意識を伝えること。まず神性を示すことだ。真理はそこにある。みんなのなかにあるんだ。自分をきちんと理解すること。何が真実なのかに気づいたら、世界から悲惨なことはなくなるはずだ）

Everything else can wait but the search for God cannot wait, and love one another.

（神を探し求めること以外はみんなあと回しでいい、で、愛し合うんだ）

　4人のなかでは少しばかり影が薄かったジョージが存在感を表し始めたのは、ザックリいえば『マジカル・ミステリー・ツアー』のアルバムからのことだ。それまでのアルバムにも自作の曲は披露しているが、レノン＝マッカートニーの作風を意識したようなものが多かったのに対して、このアルバムには、彼の個性が存分に活きた初めてのナンバーといえる「Blue Jay Way」がある。

　それ以降、『ザ・ビートルズ』には彼の代表曲になった「While My Guitar Gently Weeps」があり、『イエロー・サブマリン（Yellow Submarine）』には「Only a Northern Song」という個性的な曲がある。また『アビー・ロード』には、初めてシングルのサイドAに採用された「Something」とともに、やはり代表曲になった「Here Comes the Sun」がある。そして『レット・イット・ビー』には「I Me Mine」と「For You Blue」があり……。どれも聴けば、すぐにジョージのものだとわかる曲だ。

　こんなふうに彼は、『マジカル・ミステリー・ツアー』が発表された1968年前後から、ずいぶんと変わっている。とある転機になった出来事を、その前に体験していたからだった。その出来事とは、いうまでもなくインド哲学との出会い。挙げた3つの発言は、その哲学に傾倒するようになって持つことになった、彼の信条のようなものを表した言葉だ。少々大上段にかまえたような印象を受けなくもないが、ずっとシャイだったビートルズの"末っ子"ジョージのイメージを覆すような、信念を感じられる言葉ではなかろうか。

死を恐れないほどにもなっていた

　ジョージがこの哲学に傾倒するようになったのは、かねてから東洋神秘学に興味を持っていた当時の妻、パティの影響だったといわれている。ドラッグ文化に幻滅を感じ、トリップできるほかの何かを探していた時期のことだ。かくして超越瞑想の導師であるマハリシ・マヘシュ・ヨギのことを知り、交流を持つようになった彼は、そのヨギの思想にすっかりハマってしまう。それが高じて、ヨギの瞑想アカデミーに参加することも決心

した。インド北部のリシケシュにある、マハリシ・アシュラムで開かれて
いたアカデミーであり、メンバーを誘ってのことだった。メンバーに対し
てこんなふうにアクティヴになれたのは、この哲学を知ったことで自信を
得たからだろう。アカデミーでビートルズのメンバーといっしょだったの
は、ビーチ・ボーイズのマイク・ラヴや女優のミア・ファローとその妹たち
だった。アルバム『ザ・ビートルズ』にある「Dear Prudence」は、ジョン
がそのミアの妹のプルーデンスのことを唄った、インド滞在中に作った曲
であることをご存知の方は多いだろう。滞在の予定は3か月だった。が、
それはあまりスムーズといえるものではなかった。

　日課はヨギの講義を聞くことと瞑想の修行をすることだったが、それに
熱心だったのは、メンバーを誘った当の本人であるジョージと、何ごとに
も好奇心を示すジョンのふたりだけだったのだ。リアリストのポールは瞑
想というもの自体が肌に合わず、続けても意味がないと感じて1か月と少
しでドロップ・アウト。やはり瞑想にはあまり興味を持てなかったリンゴ
はもっとひどかった。彼はもともとヴァカンス気分で来ていたのだが、偏
食のため食べるものが合わず、10日あまりで脱落という体たらく。ジョー
ジとジョンはポールとリンゴが去ったあとも修行を続けるつもりだった
ものの、思わぬことが起きた。ヨギが教え子の若い女に手をつけたという
噂がまことしやかに流れたのだ。そのことでジョンがヨギにかなりの不信
感を抱くことになり、ふたりも滞在はふた月ほどで切り上げることになっ
た。

　それでも、ジョージのインド哲学への傾倒はのちもずっと続いていた。
作品にもそれは、つぶさに表れている。彼はビートルズ存続中、いち早く

ソロ・アルバムを作っているのだが、インドのミュージシャンも参加して作られた『ワンダーウォール・ミュージック（Wonderwall Music）』（邦題『不思議の壁』）と、それに続く『エレクトロニック・サウンド』は、あたかも瞑想によってあちこちをさまよう精神世界を描いたような、ひどく抽象的な作品だ。

　また解散後、ソロになってからも彼は、「My Sweet Load」や「Give Me Love」など宗教的なタッチの曲を、ずいぶんと作っている。ビートルズの前半では、I need you.（キミが必要なんだ）だとか、Don't bother me.（オレを煩わせないでくれ）などとストレートなことを唄っていたジョージが、"親愛なる私の神よ"や、"私に（神の）愛を"という境地にいたったのだ。

　さらに彼は、２番目の妻オリヴィアとの間にできた子どもに、ダーニという名前をつけている。ダーニ（Dhani）とはサンスクリット語で"裕福な"という意味を持つ言葉だ。のち、肺ガンと脳腫瘍を併発して死の淵にいる際には、家族に"自分は死を恐れることはない"と語っていたとメディアは伝えてもいる。その家族には、遺骨はガンジス川に流してほしい旨の遺言も残していたらしい。

３人への対抗意識も？

　ある時期から達観の境地にいたっていたということなのだろう。決して小さくない変わりようをみると、ジョージも意外とシンプルな人物だったことが伝わってくる。彼がインド哲学にのめり込むようになった1968年は、まだ20代半ばのこと。そんな若輩の時期に、この哲学の真意を深く

理解できていたかは少しばかり疑問だ。それでも、消極的だったそれまでの自分を打ち消すかのようにして、その真意を必死に習得しようとしていた。そこまで熱心になれたのは、"ほかの3人にないものを身につけて、自分がリードできる世界を……"なんて動機があったからだと考えても、なんら不自然ではない。ずっと脚光を浴びてきたジョンとポールを見返してやりたいという、対抗意識を燃やしていたのかもしれない。挙げた3つの言葉は、宗教に熱心でないものをも考えさせるような、意味深長なものだが、ウラにはそんなシンプルな人間性がのぞけたりもして、ちょっと興味深い。

　ジョージはジョンが不慮の死を遂げたしばらくのち、

As far as I concerned, there won't be a Beatles reunion as long as John Lennon remains dead. （僕にいわせれば、ジョンが死んだままである限り、ビートルズ再編はありえない）

　なんて言葉も残している。やはり達観したような響きが感じられる言葉だが、これもインド哲学を学んだゆえに出てきたものなのかもしれない。

I don't mind, I'll play whatever you want me to play I won't play at all if you don't want me to play. Whatever it is that will please you, I'll do it.

（もうかまわないよ、アンタが望むように演奏するし演奏しないでほしかったらしないから。アンタが満足するようになんでもするさ）

映画『レット・イット・ビー』でのジョージのセリフ。自分のギターにいちいちイチャモンをつけるポールに対して、ウンザリした口調で返した言葉だ。この映画はドキュメンタリーのため、きちんとしたシナリオや台本があったわけではない。つまり、実際にその場で口にした、思ったままの言葉なのだが、まさに解散直前の、深まるばかりだったメンバー間の不和を象徴するような内容ではなかろうか。これで"ビートルズはもう終わりだ……"と思った方は多いのではないかと思う。筆者もリアル・タイムで観た時は真意をすぐに推し量れなかったが、何度か観るにつけ、やるせなく感じるようになったことを思い出す。

ジョージも意外なほど自我は強かった

I don't mind, I'll play whatever you want（かまわないよ、アンタのいいように演奏するさ）

などとクールにいっているところからは、ポールに対して腹を立てているというよりも、半ば白けていることが伝わってくる。I'm fed up with you!だとか、You're disgusting!（どちらも"アンタにはウンザリだ！"という意味）などと怒り口調で、またHow should I play?（どう演奏すればいいんだよ？）だとか、What kind of play you want?（アンタはどんな演奏をしてほしいんだ？）などと突っ込むようにいっていないわけで、そこには"もうどうでもいいから好きにしてくれ"などとでもいいたげな、ひどく投げやりな気持ちがうかがえる。この言葉にあるyouをすべて"アンタ"と訳したのは、そんな白けた、投げやりな気持ちを表すにはこれが適切だと思ったからなのだが、この時のジョージはどうあれ、かなり興醒め

していたということなのだろう。

　こんなふうにみてみると、最年少のジョージもわりに強い自我の持ち主だったことがよくわかる。自我が強くなければあれだけの偉業を成し遂げたバンドにはいられなかったのだろうが、彼がこんなアピールをするのは、ちょっと珍しいことなのだ。この映画の撮影中、ポールとはこうしたやり取りが何度もあって嫌気がさし、セッションを放り出して家に帰ってしまったことがあるという話も伝えられている。またこの時のレコーディングには、オルガン・プレイヤーのビリー・プレストンが参加しているのだが、これはジョージが、"第三者がいればポールも偉そうなことはいわないだろう"と思って誘ったのだった。

　さらに、映画で観られる屋上セッション、ビートルズにとって最後のコンサートは、当初はチュニジアにある古代ローマふうの円形劇場か、リヴァプール大聖堂あたりで盛大にやるのはどうかというアイデアも出されていた。それが半ば意表を突いたように、アップル・コア本社ビルの屋上で行われることになったのは、ジョージがビートルズとして、というよりも、ポールといっしょにはもう旅をしたくないと強くアピールしたからでもあった。のち、ポールがビートルズ脱退宣言をした際には、ハンブルク時代に交流があったクラウス・フォアマンを迎えてバンドを続けることもジョージは提案している。この提案は受け入れられなかったのだが、ジョージにもジョージなりのビートルズへの執着心があったことがわかって興味深い。まあ、"元いたところに戻れ"とスレートに唄ったポールよりもずっと柔軟ではあったのだが。

　ジョージはこの後期以前にも、自己主張を強くしたことはあった。『ザ・

ビートルズ』には、彼作の「While My Guitar Gently Weeps」が収録されている。エリック・クラプトンがギターで参加したナンバーだ。この曲のレコーディングに際して、クラプトンは当初、"ビートルズの曲でギターを弾くなんて恐れ多い"と尻込みしていたのだが、ジョージは「そんなこと気にするな。ビートルズの曲でなく、僕の曲だから」といって説得しているのだ。こんなふうに中期の後半あたりから、彼も自我を出すようになっていたのだが、この『レット・イット・ビー』の時期にはまさに噴出するようになっている。それだけポールの自分への態度は目に余ったのだろう。そんなジョージの意識の変化がみえてくる、興味深い言葉だ。

　余談だがじつはメンバー全員、映画『レット・イット・ビー』の撮影には最初からあまり身が入っていなかった。監督のマイケル・リンゼイ＝ホッグら映画制作者の意向で、毎日朝早くからトウィッケナムの撮影所に通わなければならなかったことがまずは不満だったし、始終カメラに追い回されていることにも要らぬ緊張を強いられていた。映画で観られるセッションの場所が、途中でその撮影所からアップル・スタジオに変わったのは、メンバーが"もうここではやってられない"と強硬に主張したからだったのだ。

　そんな、まったく思い通りでなかったこの映画について、

By the time we got to 'Let It Be', we couldn't play the game anymore, we couldn't do it anymore. It had come to the point where it was no longer creating magic, and the camera, sort of being in the room with us, made us aware that it was a phony situation. (『レット・イット・ビー』の頃はもう、ゲームは続けられなく

なっていたよ。もうマジックも生まれない状況にまでなってたし、部屋に
いつもあったカメラが、状況がウソっぱちであることをオレたちに物語っ
てた)

　という言葉をジョンはのちに残している。終焉が近づいていたことに
は、気づいていたのだろう。

***Rap bores me, and all the glamour rock groups like Bon
Jovi just amuse me. They obviously have a place, but they
all sound like they use the same guitar player to me.***

（ラップは退屈で、ボン・ジョヴィみたいな魅惑的なロック・バンドのほ
うがずっと楽しめる。みんな居場所がちゃんとあるからだけど、でも、ギ
タリストは僕と同じようだね）

　ビートルズの後期からは、時代の風潮とは一線を引いていたような、
"我が道を行く"ところがあったジョージにしては、ちょっと珍しいと思
える発言。流行りのポップ・ミュージックについて言及したものだ。彼が
ボン・ジョヴィをことさら評価して、愛聴していたわけではないだろう
が、いきなり脚光を浴びたラップやヒップホップなどよりも、正統なス
タイルのロックのほうがずっといい、ということをアピールしていたの
だろう。そうしたバンドたちは、"やるべきことをきちんと理解している
（obviously have a placeはこんなニュアンスでいったのだろうと思われ
る)"からだ。

ジョージのアーティスト性がよく表れた

　それでも、みんな"ビートルズの亜流だ"とでもいいたげに、use the same guitar player to me などと少し皮肉は効かせているのだが、この言葉からは、彼はひどく生真面目な、真っ当な音楽の愛好者だったことが伝わってくる。まあ、ジョンも若かりし頃からのアイドルだったジーン・ヴィンセントやバディ・ホリーらのヒットをカヴァーした『ロックンロール』を1975年に、ポールも1999年には、カール・パーキンスやエルヴィス・プレスリーらのナンバーを唄った『ラン・デヴィル・ラン』をリリースしている。リンゴも、解散直前にはアメリカン・スタンダードをカヴァーした『センチメンタル・ジャーニー(Sentimental Journey)』を、そして解散直後には、カントリーを唄った『ボークー・オヴ・ブルース(Beaucoups of Blues)』(邦題『カントリー・アルバム』)というナッシュヴィル録音のアルバムを出している。

　そんなことを考えると、後期のレコーディングではアヴァンギャルドにも思える革新的な試みを続けていたビートルズのメンバーは、基本的にはオーソドックスなロックやポップスを愛好していたことがわかる。しかしながらその反面、定石からはずれるような試みもしていたのだ。ジョンはバンド存続中、ヨーコと出会ったあとに、『アンフィニッシュド・ミュージックNo.1：トゥー・ヴァージンズ(Unfinished Music No.1: Two Virgins)』と『アンフィニッシュド・ミュージックNo.2：ライフ・ウィズ・ザ・ライオンズ』、そして『ウェディング・アルバム(Wedding Album)』といった前衛的な作品を作っている。ポールも解散後だが、アンビエント・ハウスをやることを目的にしたファイアーマンなるユニットをキリング・ジ

ョークのユースとともに組んで何作かの実験的な作品を残しており、『リ
ヴァプール・サウンド・コラージュ（Liverpool Sound Collage）』という、
街の音や人の声をコラージュして作った前衛的なソロ・アルバムも出して
いる。

　サウンド・クリエイター的な資質をあまり持たないリンゴには、こうし
た実験的な試みをした作品はないのだが、じつはジョージの作品にも意外
と、この手の前衛志向は見受けられない。バンド時代に作った２枚のソロ
は、確かに観念的な作品ではあった。が、『ワンダーウォール・ミュージッ
ク』は映画のサウンド・トラックだし、『エレクトロニック・サウンド』は、
ムーグ・シンセサイザーの可能性を探ることを目的とした、いってみれば
コンセプチュアルな作品だった。前述したジョンやポールの作品のよう
に、即興性や実験性を前面に出したようなものはないのだ。

　もちろん彼にも、未知の音楽を追求したいという欲求はあったはずだ。
シタールにいち早く注目したことはそんな欲求の表れだろうが、それもイ
ンド哲学への傾倒と密接に関係してのことだった。つまり、斬新な試みを
するにしても、何かしらの精神的な理由にもとづいてのことだったわけ
で、無心になって音と戯れるようなことは、彼はあまりしていない。そん
な彼のアーティストとしての特性が、この言葉からは、つぶさに伝わって
くる。

ジョンやポールのように遊び心はなかったが……

　ビートルズの時代、ジョンは録音した自分の声が弱々しいとコンプレ
ックスを抱いていたようで、そんなふうに聴こえないように、さまざまな

ギミックを考えていたらしい。声を太く響かせるために、録ったテイクに同じヴォーカルを再度重ねてダブル・トラックにするのみならず、ハモンド・オルガン用のレズリー・スピーカーを通したり、固定したマイクの周りをグルグル回りながら唄ったり、水の入った牛乳ビンのなかに入れた小型のマイクに向けて唄ったり、といったユニークな試みをかなりしていた。ポールもやはり、ベースをタイトに響かせるため、アンプを通さずに、レコーディング機器にダイレクトにつなぐなどの工夫を試みていた。ポールのこの録音方法は、音を太くすることに見事に成功。それに開眼したジョンが、同じやり方でヴォーカルも録れないかとジョージ・マーティンに相談したところ、「手術してノドにプラグの差し込み口をつけてもらわないとダメだ」と返されたというエピソードがある。

　マーティンもメンバーに負けず劣らず、かなりのユーモリストだったわけだが、それはさておき、こうした、ほとんど子どもの遊びのような工夫がジョージから生まれたという話は伝わってこない。が、だからといって融通が利かないアーティストだったと決めつけてしまうのもお門違いだ。際立ったアイデアマンたちと、堅実なメンバーとの間でバランスが取れていたからこそ、ビートルズはあれだけの斬新な音楽を作り出すことができた。そんなことまでも考えさせる、ジョージの何気ない言葉だ。

They gave their money, and they gave their screams, but the Beatles gave their nervous systems, which is a much difficult thing to give.

（みんなは金をくれて、絶叫をくれた。でもビートルズは全神経をささげ
ていた。そちらのほうがずっと困難だったよ）

The Beatles saved the world from boredom
（ビートルズは全世界を退屈から救った）

　ジョージの、のちにビートルズについて振り返った言葉をふたつ。彼に
しては珍しいと思える大局的な発言だが、どちらにも少し引いたところが
あるのはクールな彼らしい感じだ。

Quiet Beatleらしい冷静さ

　ひとつ目の前半、screamsまでの文の主語になったtheyは、ビートル
ズのファンのことだと考えてさしつかえないだろう。だからここは、"ファ
ンたちはたくさんの金を払ってレコードを買ってくれてコンサートに
来てくれ、コンサートではひどく熱狂していた"といっている。そんなこ
とを、spent a lot of money for our records and concerts（レコードや
コンサートに大金を使った）だとか、be wildly excited in our concert
（コンサートで熱狂しまくった）などと説明的にはせず、gave 〜 money、
gave 〜 screamsとシンプルにしたのは、英語ではよく使われる、比喩表
現の一種だと考えられる。それでも、こんなふうにサラリというあたりに
は、ジョージのクールな性格が出たように思えて興味深い。さらに、シン
プルであるがゆえ、そんなファンたちの過熱ぶりは、彼の目にはかなり異
様に映っていたことがうかがえたりもする。
　そして後半、the Beatles gave 〜から始まる一文にも似たタッチがあ

る。これもこの前のgave 〜 money、gave 〜 screamsと同じ比喩の一種で、そのまま訳すと"ビートルズは神経系統を与えた"などとなるが、記したように、"全神経をささげ……"といっていたわけだ。このものいいもジョージらしくクールだが、そのあとの、"そちらのほうがずっと難しかった"というところも冷静だ。トータルでこの言葉には、フロントにいたジョンやポールとは違った立場の、一歩引いたところでビートルズのことを見ていた彼の人間性が微妙に出ているように思える。Quiet Beatle (静かなビートル) と呼ばれた彼らしさが素直に出た感じだ。

　ジョンやポール、リンゴだったならば、こんなファンの熱狂について、どんなふうにいっていたか。ポールは人間的にバランスが取れたところがあるため、似たような感じであることは想像できる。が、ジョンならば、後半の部分は、

　but we had money more than enough, and screaming is totally useless. (でも金は充分すぎるほど持ってる、それに絶叫なんてなんの役にも立たない)

　などと、少し皮肉っぽくいっていたのではないだろうか。そしてリンゴは、umm, that's it. (う〜ん、それだけのことさ) とだけひどく簡単に、少しトボケ気味にいって済ませていたのではないか。そんなことをイメージすると楽しい。

シンプルながらもイマジネイティヴな表現

　そしてもうひとつのほう。これは、"ビートルズは世界中の人を楽しませた"ということをいっているわけだが、やはりtold the new different way of enjoying music（音楽の新しい違った楽しみ方を教えた）だとか、offered a totally new pleasure（まったく新しい楽しみを提供した）などと細かくはせず、シンプルにいい切っているところに彼らしさが出た感じだ。

　そんなことを、saved the world 〜、“世界を〜救った”などという、ぐんと大局的ないい回しを使って表したのは、彼が傾倒していた、インド哲学の影響があってのことだろう。彼はこうした、シンプルながらも大局的な表現を、自分の曲のタイトルにも結構使っている。ソロになってからの「My Sweet Lord」、「What is Life」（邦題「美しき人生」）、「Give Me Love」など、クリシュナの神への想いを唄った代表曲にそうしたタッチが感じられる。それぞれの意味は、“私のいとしい神よ”、“人生とは何”、“私に愛をください”。どれもストレートながら、どことなくイマジネイティヴだ。

　ビートルズ時代のものをみても、“ほら太陽だよ”なんて意味になる「Here Comes the Sun」に、“何か”とひとことだけの「Something」など、こと後期には、シンプルで淡い意味のタイトルを持つ曲がジョージの曲には多い。“キミに必要なすべては愛だ”（「All You Need is Love」）だとか“いっしょに来いよ”（「Come Together」）といったタイトルをつけるジョンの感覚とは、ずいぶんと違う。

　これはそのまま、彼の語彙の少なさの表れでもあるのだろう。が、誰にでもわかるような、ごく簡単な言葉を使って、受け手に何か特別な情景をイメージさせる表現を作るのが、ジョージはうまい。コピーライター的な資質があったのかと思わせる発言だ。

なおビートルズ時代の自分を振り返った彼の発言には、

The biggest break in my career was getting into the Beatles in 1962. The second biggest break since then is getting out of them.（人生の最大の転機は1962年にビートルズに参加したことだ。それからの二度目の転機はビートルズから抜けたことだね）

というものもある。これもタッチはクールだが、どことなくイマジネイティヴなところがあって彼らしい。

If everyone who had a gun just shot themselves, there wouldn't be a problem
（銃を持つもの全員が自分を撃てば、問題はなくなるだろう）

ジョージの、ジョンの"キリスト発言"を回想した時の発言。解散してかなり時が経ってからのものだ。キリスト発言は銃の問題がテーマだったわけではないが、この発言に異常な反応を示したアメリカ国民だって問題を抱えているではないか、とほのめかしてこのコメントになったのだろう。その時の彼の頭には、銃によって命を奪われたジョンのこともあったのではなかろうか。

表向き過激でも、じつはソフトでクール

shot themselves（彼ら自身を撃つ）なんて何やら物騒な表現が使われ、ちょっと過激な印象も与える言葉だ。が、よくみてみると、ジョージらし

いクールさが感じ取れる。銃の所持や使用には反対であることを表明しているのは明確だ。それでも、NRA is a terrorist organization（NRA［National Rifle Association of America、全米ライフル協会］はテロ組織だ）だとか、Gun violence is a public health epidemic（銃暴力は公的な伝染病だ）、またEnough is Enough（もうたくさんだ）などという、銃規制のデモ隊が持つプラカードによくある言葉とはいささかタッチが違う。やみくもに銃のことを敵視するような、ダイレクトなものではないのだ。

またこの後半の一文では、won't（will not）でなく、wouldn't（would not）が使われている。ここのwouldはwillの過去形としてではなく、先のことを婉曲的に表すものとし、使われている。だから、there won't be a problemだと、"問題はなくなる"と断定になるのだが、ここはかなり違う。訳のように、"……なくなるだろう"という感じに、少しばかりソフトになっているのだ。

これは多分にジョージの肩を持ったような見方かもしれないが、物騒だとしたshot themselvesのところにしても、"銃を持つものが全員それで自分を撃って死ねば……"といおうとしたのではないように思われる。銃の所有者をこの世の害悪のように扱っていたのではなく、所有者たちに"自分に銃口を向けてみろ"と、つまり"自分に銃口を向けて銃の危険さをきちんと認識しろ"と、もっといえば"みんな冷静になって考えてみろ"といいたかったのではないか、とも考えられる。ジョンが銃殺という最期を遂げたことを考えると、メンバーが銃を忌み嫌うようになったのは当然だろう。が、その気持ちを徒に噴出させるのではなく、こうしてクールかつ穏やかに表したところには、彼の人間性が出ている。

　ちなみに銃の規制に関しては、ポールも支持する態度をはっきりとみせている。2018 年に全米で行われた、銃規制の強化を求める MARCH for OUR LIVES（"命のための行進"）という名のデモに、彼は堂々と参加しているのだ。ニューヨークで行われたそのデモの最中に、WE CAN END GUN VIOLENCE（"銃暴力は止められる"）と記された T シャツを身につけたポールは、*This is what we can do.*（これが僕らにできることなんだ）と、そして *My best friend killed in gun violence right around here.*（僕の親友はこのすぐ近くで銃暴力によって命を奪われたんだ）とニュース番組のレポーターの質問に応えていた。

　どちらも平衡感覚のある彼らしい、ヒステリックさをほとんど感じさせない言葉だ。My best friend、これはいうまでもなくジョンのことだが、この言葉を使った返答には、思わずぐっと来る。

Bop, bop cat bop. Go Johnny go. There go the twelve bars blues. Elmore James got nothin' on this, baby.
（バップ、バップ・キャット・バップ。やれよジョニーやれ。12 小節のブルースだぜ。エルモア・ジェイムスじゃないけどね、ベイビー）

　『レット・イット・ビー』収録の、ジョージ作の「For You Blue」の間奏で、ジョージ本人がアドリブのように発した言葉。ジョンがスライド・ギターを軽快に聴かせるその間奏の、ポイントになるところでメロディに乗せられて小気味よく出てくるものだ。解散直前のゲット・バック・セッシ

ョンで録音された曲だが、メンバーどうしの関係がギクシャクしていたな
か、シャレっぽいこんな言葉が入ったことで、ホッとさせられたファンは
多いのではなかろうか。

　ちなみにこの曲は、当時の妻だったパティに捧げたもの。ジョージにし
ては珍しいブルース・タッチの曲だが、"かわいいキミをどんな時でも愛
してる"なんてシンプルなことが、まったく飾らない言葉でつづられたと
ころは、スレートな表現を好む彼らしい。

思わずニヤリとさせられる

　この言葉について、まずいちばん最初のbopとcatが並ぶのは、いわゆ
る合いの手のようなもの。4ビートのブルースやジャズで使われるもの
で、スウィング感があるブルース調のナンバーだから、とっさにこれが出
てきたのだろう。bopはアメリカでは、俗語で"行く"、"進む"の意味で使
われる言葉だから、あえて訳せば、"どんどん進め"などとなる。テンポの
いいスライド・ギターを弾くジョンに、ハッパをかけているような感じだ。

　その少しあとに出てくるGo Johnny go.は、メンバーも好きで曲をいく
つかカヴァーした、チャック・ベリーの代表曲の「ジョニー・B・グッド」
の歌詞の一部。"行け、ジョニー、行け"という意味だが、ジョニーはジョ
ンの愛称だ。だからここもやはり、ギターを弾き続けるジョンに、"もっと
やれよ"なんていっている感じだ。おおもとはロックンロールというルー
ツ感覚が頭をもたげ、"これを使えばピッタリだ"とこの時にもジョージ
はやはり、とっさに考えたのだろう。

　後半のふたつについて、"12小節のブルース〜"は、この曲の構成のこ

とをいっただけだと考えてさしつかえないと思われる。それに続くエルモア・ジェイムスは、20世紀半ばにスライド・ギターの名手として名を馳せた、ミシシッピ生まれの伝説的なブルースマンのこと。ボトルネックを使ってスティール・ギターを弾くジョンからとっさにこのジェイムスのことを思いついて、その名を出したのだろう。got nothin' on（そうじゃない）としたのは、"ジョンも結構うまくボトルネックを使ってるけど、自分たちは正統なブルースマンじゃない"なんて意識があったからか。ディープなブルースはビートルズのメンバーに似合わないが、ここはちょっとニヤリとさせられる言葉だ。ほかのメンバーもこの言葉は面白かったようで、このあとに少しの笑い声が聞こえる。

とっさのジョークのような言葉でも性格が

　スウィング感のあるビートだからと、ジャズやブルースによく出てくる合いの手を思い浮かべ、そしてこの時代のロック・アーティストならば誰もが知るロックンロール・スタンダードの歌詞をそのまま使い、ボトルネックを使ったギターからエルモア・ジェイムスという一連の言葉の流れは、どれもストレートな思考から出てきたように感じる。同じアルバム収録の「Get Back」の替え歌を、マーティン（Martin）からファート（Fart）というおちゃらけのような名前を、そしてアナザー・マン（another man）からフライパン（frying pan）という語呂合わせのような言葉を思い浮かべてとっさに作ったジョンのように、ヒネリは効いていない。どうあれこんな、とっさに出てきたシャレのような言葉にも、それぞれの性格が出ていて面白い。仮にジョージが間奏でギターを弾くブルース調の曲があったら、ジ

ョンならばその間奏の最初に、John Robertson's gonna play the funky guitar now.（ジョン・ロバートソンがこれからファンキーなギターを弾くぜ）などと、やはり伝説のブルースマンであるロバート・ジョンソンの名をヒネって、シャレのようにいっていたのではないだろうか。そんなことまでをイメージしてしまう。

　なお、アルバムではこの「For You Blue」の前に、*Queen says No to pot - smoking FBI members.*（女王はFBIのメンバーがマリファナ［potはマリファナの俗語］はダメだといってるぜ）というジョンの言葉が聞ける。これはこの曲の録音時のものでなく、プロデューサーのフィル・スペクターがのちに挿入したものらしい。何をいおうとしていたのか、真意は今ひとつよくわからないが、イギリス王室やアメリカの司法機関をコケにしたようなこの言葉、どことなく痛快でジョンらしい。やはりジョーク感覚は、メンバーそれぞれでずいぶんと違う。

リンゴ・スターの言葉

A Hard Day's Night

　同名の映画の主題歌になったヒット曲のタイトルだ。発表は1964年。
邦題は「ビートルズがやって来る　ヤァ！　ヤァ！　ヤァ！」。これはレコー
ド・メーカーの担当ディレクターでなく、当時この、リチャード・レスター
監督の映画を配給した、ユナイト映画の社員でのちに映画評論家になった
水野晴郎氏がつけたもの。"ヤァ！　ヤァ！　ヤァ！"はジョンやポールが曲
中でよく発していたyeahという叫び声から取ったものだ。

　余談ながら、"ビートルズがやって来る"という言葉は、水野氏がこの
映画と、その前年にイギリスで作られた、『The Beatles Come to Town』
というニュース映画をカン違いしてつけたものだ、とみる向きもある。

バカバカしい言葉遊びから生まれたタイトル

　この曲は "ハードな日の夜" と日本語にできる通り、こき使われた1日の、疲れ果てた夜のことが唄われたもの。頂点に立ったばかりの、レコーディングやツアー、映画の撮影等々で目まぐるしかった時期の心境が描かれているのだが、じつはこのタイトルの、a hard day's night という言葉は、リンゴが慌ててとっさに口にしたものだったのだ。ちょっと解説しておくと……。やはり忙しかったある日のこと、彼は *Umm, It's been a hard day.*（ああ、忙しい日だった）とメンバーに向けてボソリとつぶやいた。が、外を見るともう暗く、夜になっていることに気づく。かくして ……*'s night*（の夜だ）と続け、この言葉が生まれたのだ。リンゴはのち、

Once when we were working all day and then into the night, I came out thinking it was still day and said 'It's been a hard day,' and looked round and noticing it was dark, '……'s night'.（朝から晩まで働いたある日のこと、まだ昼だと思って、「ハードな1日だったな」といったんだ。で、あたりを見たら暗くなってたから、「……の夜だね」って）

とこの時のことについて回想している。

　そんなことを考えると、このa hard day ……'s night は、"ああ、大変な日……の夜だったね" なんて意味になる。一応スジは通るが、コントや漫才などに出てきそうな、少しばかり奇異な言葉だ。その奇異な響きにメンバーはウケてしまい、ことに面白がったジョンがそれをネタにして曲を書いた。この曲ができたウラには、こんな経緯があったのだ。ビートルズはクリエイティヴ精神に満ちた、たくましいバンドだったことが伝わる話だ。

字が読めないほどの劣等生であることの
コンプレックスの反動？

当時のリンゴは、ジョンに負けず劣らず、こうしたバカバカしい言葉遊びが好きで、意味のないジョークを口にしてはメンバーを笑わせていた。こんなふうに相反したような言葉を並べたシャレがとくに好きで、「そんなの同じ違いだ」などともよくいっていたらしい。英語で記されたものを見たことはないのだが、That's the same difference. なんて感じだったのか。本来は"似たようなものさ"の意味になる俗語なのだが、彼はシャレでいったのではないかと推測できる。

じつはリンゴ、幼少時代は体が弱く、学校にほとんど行けなかったため字がマトモに読めないというウラ話がある。歌詞をすべて覚えてからでないと、1曲を唄い通せなかったからリンゴがヴォーカルをとる曲のレコーディングは大変だったらしいのだが、子どもっぽいほど無邪気な言葉遊びを好む嗜好は、このハンディ、いや、コンプレックスというべきか、そんなネガティヴなバックグラウンドから生まれたものではないか。筆者はそんなふうに考えているのだが、いかがだろう。

このテのリンゴのシャレがタイトルになった曲にはもうひとつ、「Tomorrow Never Knows」がある。"明日のことなどわからない"などと意味深にも受け取れる言葉だが、直訳するとTomorrowが主語なので、"明日さんは何も知りません"なんて幼稚なニュアンスになる。

Slight bread thank you.

a hard day's night、tomorrow never knowsに続けてほとんど意味の

ないリンゴの言葉遊びをもうひとつ。"ありがとうほんの少しのパン"という意味になるのだが、どうして感謝の言葉にパンが出てくるのか……。考えると混乱するような言葉だ。それでも、あえて想像をたくましくしてみると……。

　大ざっぱな性格でありながら、はにかみ屋でもあったリンゴだ。感謝の気持ちを表すのに、Thank you so much. だとか、Thanks a lot. などと、ストレートな言葉を口にするのははばかるものがあったのだろう。そのため"少しだけありがとう"などといおうと考えた。が、"少し"の slightly を使って Thank you, slightly. ではなんとなく平凡だ。何かもっとヒネッたものにはできないか。そうこうしているうちに、bread を使えばいいととっさに考えた。そんなふうにしてできた"感謝してるよ"という軽い気持ちを表した言葉ではないかと筆者は考えている。

ジョンがリンゴイズムとして気に入っていた

　こうした意味のない言葉遊びについて、

Tomorrow never knows' was something I said. God knows where it came from. 'slight bread' was another. 'Slight bread thank you'. John used to like them most. He always used to wright them down. (「トゥモロー・ネヴァー・ノウズ」は僕がいったことだ。なんでそんなふうにいったかはわからないけどね。「スライト・ブレッド」なんてのもあったな。「スライト・ブレッド・サンキュー」なんていってね。ジョンがそういうのをかなり気に入ってたよ。いつも書き留めてたんだ)

　とリンゴは発言している。この発言にあるように、こうしたジョークを
いたく気に入っていたのはジョンだった。It's been a hard day, ……'s
nightという言葉の奇異な響きに大ウケして、曲まで作ってしまった彼の
ことだ。バンド時代、ことに初期から中期にかけては、ふたりでこんなジ
ョーク合戦をして盛り上がっていたことは想像に難くない。

　ついでながらジョンはこうしたリンゴのシャレ感覚を、リンゴイズムと
名づけていた。Ringo-ism……、"リンゴ主義"、この独特のネーミングセ
ンスもジョンらしくてかなりシャレている。

Um no, I'm a mocker.

（う〜ん、いや、僕はモッカーだ）

　前述した、ジョンのTurn left at Greenland.やポールのhair-don'tに
似た"揚げ足取り"のような言葉は、リンゴにも結構ある。そのひとつが
これ。映画『ア・ハード・デイズ・ナイト（A Hard Day's Night）』（邦題:
『ビートルズがやって来るヤァ!ヤァ!ヤァ!』）のなかに出てくる、*Are you
a mod, or a rocker?*（あなたはモッズですか、ロッカーですか?）とい
う女性記者の質問に対しての答だ。

　モッズ（Mod、Mods）とは、1960年前後にイギリスの若い労働者の間
で流行した音楽やファッション、またその支持者をさした名称。ロッカー
（Rocker）はやはり同時代のイギリスに多く誕生したバイカーの呼称で、
どちらもひとつのムーヴメントにまでなった。それぞれファッションや音

楽などの嗜好にはこだわりがあり、米軍用のパーカーをユニフォームのように
してしてダラリとたらし、ヴェスパに好んでよく乗っていたモッズの
間では、ザ・フーやスモール・フェイセス、キンクスなどイギリス産のロッ
ク・バンドの人気が高かった。それに対してロッカーが好むファッション
は革ジャンにリーゼントで、音楽は、クリフ・リチャードやシャドウズ、そ
してジーン・ヴィンセントやエディ・コクランらの、白人のロックンロー
ルをよく聴いていた。

　ビートルズは、デビュー前には革ジャンにリーゼントといういでたちで
古き時代のアメリカのロックンロールをやっていたためロッカーふう、そ
してデビュー以後の数年は、髪をたらしてオリジナルのロックをやってい
たためモッズふう。そのため活動初期にはこの双方のムーヴメントの影響
を受けていたと考える人もいたようで、それゆえ映画にこんな質問を登場
させたのだろう。

　このモッズとロッカーは、当時は対立する関係にあった。両者はこの時
期、イングランド南東部にあるビーチ・リゾートのブライトンで乱闘事件
を起こしており、この事件をもとに、映画『さらば青春の光』が作られて
いる。

一語を変えるだけで深い意味が出せる

　さてこのmockerという言葉ついて。これは映画のセリフなので、リン
ゴ自らの口から出てきたものでなく、脚本を担当したアラン・オウェンが
考え出したものかもしれない。それでも、これもまたビートルズらしい、
ちょっとした切れ味を感じさせるひとことだ。rockerのイニシャルのrを

modのイニシャルであるmに変えただけの、単なるダジャレのような造語なのだが、"自分たちは (モッズとロッカーの) どちらでもあり、どちらでもない"という、そしてウラを返せば、"自分たちは自分たちでしかない"といった主張が込められていると深読みできる。

さらに、mockにerがつけられた、つまり"モックする人"という意味だとも受け取ることができる。mockは動詞として使うと、"あざける"、"マネしてバカにする"という、名詞では"笑いもの"という意味になる、ちょっとした蔑みのニュアンスがある単語だ (英語ではHe's the mock of this town. [ヤツはこの街の笑いものだ] などと使われる)。だからmockerとすると、"マネをしてあざ笑うもの"なんて感じになるのだ。

こんなことを考えてさらに深読みすれば、"自分は人の揚げ足をとったり逆手にとったり、またマネをしたりしてあざ笑う人間なんだ"といっているとも受け取ることができ……。ウラでは"モッズなのかロッカーなのかなんてどうでもいい質問をするな"などと考えながら、その記者を嘲笑している、そんな含みのあるセンテンスではないかとも、このI'm a mocker.は思えるのだ。どうあれいろいろと深読みができる、じつに興味深い言葉だといえる。

脚本家のオウェンは、ビートルズのメンバーが言葉の面でも突出したセンスを持っていることをよくわかっていて、そのことを考慮した上でこんなセリフを考え出したのか。もしかしたら、"この4人ならばこんなふうにいうだろう"などという、とっさの思いつきによる自然な産物なのかもしれない。どちらにせよ、こんなユニークな造語が生まれたのは、ビートルズにはひどく特異な言語感覚があったからこそのことだ。そしてビート

ルズのメンバーは、周囲にいる、自我の強いクリエイターたちをも簡単に
自分たちの色に染めてしまえるような、強い求心力を持っていたこともよ
くわかる。

No, I was the last to join. I'm the little fellow.
（いえ、最後に参加したんです。私は小さな人間ですから）

リンゴの"揚げ足取り"のような珍言をもうひとつ。1965年10月、バッ
キンガム宮殿で行われたMBE勲章の授与式での言葉だ。

勲章は、エリザベス女王自らの手で受賞者に授与されたのだが、リンゴ
に授けた際のこと、*Are you the one who started it?*（あなたが［バン
ド を］始めたんですか？）と女王は質問した。それに対する返答である。

それにしても、イギリス連邦王国の君主である女王に対しても、メンバ
ーはこんな感じだったのだ。イギリスの王室は、日本の皇室に比べるとぐ
んとくだけたところがある。かつて大分の自然動物園で、産まれた猿にウ
ィリアム王子とキャサリン妃の長女につけられたシャーロットという名
前が使われたことを何もいわず、容認するようなところなのだ。

だとしてもこの、まったく同等の友人にでも向けたような、人を食っ
た、といおうか、おちょくったともいえる返答だ。まあ、国家に対する功
労を称える勲章を授ける相手の基本的な情報をまったく頭に入れていな
かった女王もちょっとナイーヴでは……、などと思わせもするが、これを
どうみるか……。

面倒だったから出てきた返答？

　ともあれこの返答、敬意を払うべく相手にいう言葉にしては、少しばかりアッサリしすぎている。いやしくも相手は女王、普通ならばもっとていねいな言葉を選ぶところだろう。最初のNo, とだけひどくぶっきらぼうにしたところなど、普通ならば、No, dear Ms. Her Majesty Queen（いえ、女王陛下様）だとか、シンプルにしてもNo, your Majestyなどとするはずだ。また最後にある、“仲間”の意味のfellowという単語にしても、こういう状況で使うにはちょっとカジュアルすぎる。このfellow、口語ではHey, dear my fellow!（やあ、お前！）だとか、You poor fellow.（お前も哀れなヤツだな）と使われる、親しい相手に向けていう単語なのだ。地位のある人物が公的な場で使った例がないわけではない。ジョン・F・ケネディが1961年の大統領就任演説を、My fellow Americans, ～とこの単語を使って始めたのは有名な話だが、これもあえて日本語にすれば、“アメリカ人の、私の仲間たちよ”なんてニュアンスだ。自分とアメリカ国民を同等に見立て、親愛の念を込める意味でこのfellowを使ったわけなのだ。

　そんな単語だから、リンゴがいったlittle fellowは、もう少し正確にすると、“チビなヤツ”なんて感じになる。そしてそのことがいちばん最後にバンドに加わった理由だった、などと、いともアッサリと片づけてしまっているわけだ。このオフザケ感覚も唖然とさせられるというか、痛快というか……。

　おそらくリンゴはこんな質問を投げかけてきた、自分たちビートルズについて無知だった女王に呆れ、“ならばこちらもジョークでお茶を濁してかまわないだろう”などととっさに考えて、こんなふうに返したのではな

かろうか。もう少し想像をたくましくすると、自分は最後に加わったメンバーであり、どういう経緯でそうなったのかを、"ほかのメンバーとはハンブルクで知り合い、前任のドラマーが解雇されて……"などと説明するのが面倒だったのではないか。そんな意識から出てきた返答ではないかと思われる。

受賞を喜ぶ態度をみせてはいても、"それがナンボのもんだ"とメンバーはクールに考えていたことが伝わるジョークだ。王族に対しても、こんなふうに少しも臆すことなく振る舞っていたビートルズはやはりたくましい。

Because I can't get them through my nose.

（鼻には通せないからさ）

I like Beethoven, especially the poems.

（ベートーヴェンは好きだよ、ことに詩がね）

"揚げ足取り"というよりも、単なる"オトボケ"のようなリンゴの珍言。どちらも初期の記者会見での彼の返答で、前者は、*Why do you wear two rings on each hand?*（どうして両手に指輪をふたつつけているのですか？）、後者は、*What do you think of Beethoven?*（ベートーヴェンをどう思いますか）という記者の質問に対しての答えだ。

ベートーヴェンについての質問は、ビートルズがチャック・ベリーの「ロール・オーヴァー・ベートーヴェン」をカヴァーしているため出てきたものだろう。が、この曲、"ベートーヴェンだとかチャイコフスキーだとか

のクラシックなんかどうでもいい、リズム＆ブルースだぜ！"という内容
だ。そんなものを活き活きと演奏する彼らが、このクラシックを代表する
ような作曲家に対して特別感情など抱くはずがないことなど明らかだ
というのに、こんな質問が出たわけだ。指輪の質問についても同様、記者
の能天気さにはちょっと苦笑してしまう。

落ちこぼれゆえダイレクトに？

このふたつの言葉は、こんなあまり意味があるとは思えない質問を、そ
の場で思いついたようなシャレでかわしただけのようなものだ。どちらも
あまり次元が高いとはいえないシャレだが、ひどくダイレクトなところが
子どもっぽいほどに純真な彼の人間性を表しているようで面白い。"グリ
ーンランドを左に曲がって"アメリカを見つけたというジョンや、hair-
doを茶化してhair-don'tといったポールのように、ヒネリがほとんど効
いていない。

リンゴは字を読めないほどの劣等生だったことは記したが、そんな落ち
こぼれぶりがこのダイレクトさにつながっているのではないか、とも考え
られるのだ。さらにいえば、"落ちこぼれだって自己主張ぐらいできるん
だ"という、一種の見栄の表れかもしれない。

リンゴの意識に対するそうした推測の根拠となるやり取りは、ほかの会
見にも見受けられる。たとえばやはり初期の会見での、彼らのヘア・スタ
イルについてのやり取りだ。まず記者が、

How many of you are bald, that you have to wear those
wigs?（ウィッグをつけないとならないわけですが、あなたたちのなかで

何人がハゲなんですか?)

　という、トボケていたのか、本当にそう信じていたのかわからないような質問をメンバーにする。それに対してすかさず返したのはリンゴで、その返答は、*All of us.*（全員だよ）というもの。そしてそのすぐあとに、ポールがそのことを肯定するように、*I'm bald.*（僕はハゲなんだよ）とフザケて続ける。すると記者はそれに、*You're bald?*（あなたがハゲ?）とビックリしたように返し、それには*Oh, we're all bald, yeah.*（うん、みんなハゲなんだ）とジョンがそれを受けて続けたのだった。

　ここまでは、メンバーが他愛のないシャレで記者に応酬していた。しかし、このあとのジョンとポールの言葉がちょっと茶目っけのある、気が利いたものだった。ジョンのこの、"みんなハゲだ"という返答のあとに続いたのは、*Don't tell anyone, please.*（お願いだから、誰にもいわないでね）というポールの、そして*And deaf and dumb, too.*（それと聾唖者<ruby>聾唖<rt>ろうあ</rt></ruby>なんだ）というジョンの言葉だった。

　どれもただのオフザケといえばそれまでだ。こんな、単なるシャレでずっとその場をいなしていたのは、ハゲかどうかを問うような、バカバカしいとしかいいようのない質問をしてきた記者にはみんな呆れていたからであることも想像がつく。deaf and dumbなんて露骨な言葉を出したジョンの悪趣味ぶりにはちょっと苦笑だが、このやり取りのなかにあるシャレにもメンバーの人間性が出ているようで面白い。何ごとに対してもダイレクトなリンゴと、ギャグをいうにも一工夫しようとする、クリエイティヴなジョンとポール。ジョージはどちらかというと、あまりヒネリを効かせるタイプではなかったが、表現に対するセンスがそれぞれで違っていた

ことがうかがえる。そして、そんな個性が有機的に混ざり合っていたからこそ、ビートルズはあれだけの豊かな表現ができたこともわかってくる。

　そして、リンゴのダイレクトなユーモア、そしてそれを受けて発展させたようなジョンとポールのジョークからは、ビートルズのメンバーは、何よりも人を楽しませることを自分たちも楽しんでいた、根は徹底して諧謔的な人間であることが伝わる。**"愛と平和をアピールしたバンド"などと語られることもあるバンドだが、メッセージを声高に叫ぶような、クリティカルな存在では決してなかったのだ。**

　　Sgt. Pepper's for me was great, it's a fine album. But I did learn to chess on it because I had so much spare time.
（『サージェント・ペパーズ』は僕としては素晴らしかった、名盤だ。でも空き時間がかなりあったからチェスを覚えてしまったよ）

　　I've got blisters on my fingers!
（指が水ぶくれになっちまった！）

　リンゴのノホホンとした人間性を感じさせる言葉をふたつ。前者は『サージェント・ペパーズ』についてのちに振り返ったもので、後者は『ザ・ビートルズ』の、アナログでいうとサイドＣの後半に収録された「Helter Skelter」が終わった直後に聞ける叫びだ。

手持無沙汰ゆえにチェスを

『サージェント・ペパーズ』はご承知のように、"ロック史上初のコンセプト・アルバム"といわれている。"ペッパー軍曹という架空の人物が率いるブラスバンドによるコンサート"というコンセプトだ。

このコンセプトを思いついたのはポールだった。最初から話はそれるが、なぜペッパー軍曹、サージェント・ペッパー（Sergeant Pepper）だったのか。これはポールが当時のロード・マネージャーだったマル・エヴァンスとともに食事中、エヴァンスがいったひとことが発端だった。エヴァンスが、塩と胡椒がほしくてソルト・アンド・ペッパー（salt and pepper）といったのを、ポールがサージェント・ペッパー（Sergeant Pepper）と聞き間違えたのだ。そうしてポールは、"お、ペッパー軍曹か。ソイツは面白い、何かに使えそうだ"などととっさに考えたのだろう。これもまたビートルズが、言葉に関しても独特のセンシビリティを持っていたことがうかがえるエピソードだ。

『サージェント・ペパーズ』は、そんな、少しばかり突飛ともいえるコンセプトのもとに作られたアルバムだっただけに、レコーディングは実に凝ったものだった。詳細は省くが、使える機材のほとんどを駆使して歌や演奏を独特に響かせる工夫をし、メンバーのみならず、何人ものセッション・ミュージシャンが呼ばれてオーヴァー・ダビングを繰り返したため、録音には、トータルで800時間から900時間がかけられたのだったのだ。

録音のギミックやアレンジについてのアイデアを出していたのは、おもにこの時期からサウンド作りのリーダーシップをとっていたポールだった。そのアイデアをまずはプロデューサーのジョージ・マーティンに伝

え、エンジニアのケン・タウンゼントやセッションマンたちがそれを具体的なものにしていく、という流れでレコーディングは進められた。そのためポール以外のメンバーは、ベーシック・トラックを録り終えたあとにはあまり出番はなくなる。

「Lucy in the Sky with Diamond」ほか自作の曲をいくつか寄せたジョンと、自身とインドのミュージシャンとだけで録音した「Within You Without You」を作ったジョージは、それぞれの曲の処理については口出ししただろう。が、リンゴはどうだっただろうか。彼がメインになった曲もあるにはある。「With a Little Help from My Friends」のヴォーカルはリンゴだが、この曲はレノン＝マッカートニーの作だし、アレンジも取り立ててリンゴらしさが活きたものではない。もともとサウンドのディティールにはあまりこだわることのなかった彼だ。ほかの曲に関しても、注文をつけるようなことはなかっただろう。かくして手持無沙汰でチェスを……、なんて感じだったのだと思われる。

カンヅメ状態を楽しんでいた？

「With a Little Help from My Friends」の歌詞についてはウラ話がある。この曲の冒頭では、"もし僕が調子っぱずれに唄ったら出ていってしまうかい？"と唄われているが、"出ていってしまうかい？"の部分は当初、Would you throw ripe tomatoes at me？（熟れたトマトを僕に投げつけるかい？）という歌詞だったらしい。が、これは仮にステージでこの曲を唄った時に、本当にそうされたらイヤだとリンゴが主張したため、変えられたとのことなのだ。いまだツアーをやっていた時期のこと、ジョージが

記者会見で、ジェリー・ビーンズが好きだと公言したことがある。それ以
降、ステージには大量のジェリー・ビーンズや、甘いスナックならばなん
でもいいだろうと考えて、缶入りのキャンディなどが投げ込まれるように
なったというエピソードがあるのだが、リンゴはそれを思い出してそんな
ふうにアピールしたのかもしれない。それにしても、メロディ通りにきち
んと唄う自信がなかったということなのか。これも彼の人間性が出た逸話
だ。

『サージェント・ペパーズ』に話を戻すと、このアルバムが作られたのは、
1966年の後半から1967年にかけてのことで、つまりビートルズがコン
サート・ツアーをやめてレコーディングに専念することを宣言してから
の、最初の本格的な作品だ。"自分たちのアート精神を表に出せるのはレ
コーディング・スタジオしかない"と頑なに信じていた当時の彼らは、当
然ながら"スタジオこそが自分たちの居場所だ"とも考えていただろう。
事実、制作の本拠地にしていたアビー・ロード・スタジオを自宅のように
みなし、自分たち専用のベッドまで置いていたという話も伝えられてい
る。気分転換のためにチェスのボードを置いていたことも簡単に想像がつ
く。それでも、いってみればスタジオにカンヅメにされたような状態だっ
たわけで、ストレスをためることもあっただろう。が、この言葉からは、
リンゴはそんな生活を、じつは結構エンジョイしていた。そんなマイペー
スな人間性が伝わる、無邪気な言葉だ。

場を和ませるためにあえて大げさに？

そしてもうひとつ、水ぶくれのほうはリンゴが実際に、「Helter Skelter」の録音のあとにスタジオで叫んだ言葉だ。この曲は完成までにかなり試行錯誤があったようで、『ザ・ビートルズ』の制作中、じつは18種類ものテイクが録られている。なかには30分近くにおよんだテイクもあったらしく、途中にブレイクを入れたりして休むことのできないドラムを担当するリンゴはそのため、疲れ果てていたわけだ。本当に手がそんな状態だったのかは定かでないが、ヘロヘロになっていたのだろう。

　この叫び、面白いのは、あたかも猛スピードの車に衝突されような大事故に遭ったといわんばかりに、大げさなことだ。実際にプレイを続けられる状態ではなかったのだろう。が、I can't play anymore!（これ以上演奏できない!）だとか、I'm tired out!やI'm exhausted!、またQuite dead!（どれも“ヘトヘトだ!”という意味）などとストレートにはいわず、シャレっぽくblister（“水泡”、“肉刺”の意味）なんて言葉を使い、またあえてこんなふうにオーヴァーな口調で叫んでいるところがリンゴらしくてかわいらしい。何テイクもの録音が続き、この時はみんな、疲労困憊だったはずだ。そんななか、この茶目っけがある言葉には、ずいぶんと場が和んだことだろう。リンゴもその場の雰囲気を柔らかくしようとして、あえてこう叫んだのではないかと思われる。

　しかし、じつはこの２枚組の制作時、彼は相変わらず矢継ぎ早にみんなに指図を出すポールの態度が気に入らず、少々オカンムリだったのだ。自分をぞんざいに扱うポールに腹を立て、レコーディングをすっぽかしてスタジオを出ていってしまったこともあり、そのためポールが代わりにドラムを担当した曲もあるのだが、そんな状態だったにもかかわらず、そのポールが書いた「Helter Skelter」の、それも何度も執拗に繰り返された録

音のあとに、こんなふうにシャレっぽく叫んでいるわけだ。これはメンバー間の和を望む彼の、温かい人柄の表れのように思える。

このアルバムにはリンゴが詞も曲も作った初めてのナンバーである、「Don't Pass Me By」が収録されている。「With a Little Help from My Friends」とは少々違い、彼らしさが活きた、カントリー・タッチの曲だ。シンプルな性格の彼のこと、ソングライターとして認められたのが素直に嬉しく、そのこともこんな叫びを発した要因だったのではないかと思われる。

いずれにせよ、リンゴの裏表のない人間性がよく出た叫びだ。そしてそんな叫びをオフィシャルなアルバムに活かしたところには、メンバー全員にシャレ心がいまだ残っていたことも伝わる。それぞれが自分の道を進むようになり始めた、今ひとつまとまりに欠けた感があるこのアルバムで、ちょっとホッとできるパートだ。

The fun in Tokyo was the timing. The Japanese have a dedication to time. They would like us to leave the room at 7:14, get to the elevator by 7:15 and half, and so on.

（東京でおかしかったのは時間についてだ。日本人は時間に対して献身的なほどなんだ。みんなは僕らを7時14分に部屋を出させて、7時15分30秒にエレヴェーターに乗せて、そんな感じなんだよ）

リンゴが日本について抱いた感想。国を挙げて大騒ぎされた1966年の

来日公演の際のものだが、これにもどことなく彼の性格が出ているようで、ちょっと面白い。

マイペースぶりがよく伝わる

　ビートルズが初めて日本に降り立ったのは1966年6月29日深夜3時すぎのことだった。コンサートの会場に選ばれたのは、日本武道館。当時は“日本武道の聖地”とされていたここがポップ・ミュージックのコンサートに使われることに対して、“神聖な場所だというのに何ごとか”と右翼団体が抗議運動を繰り広げたのはほかにも記した通り有名な話だ。そのため混乱を懸念した警視庁は、想像を超えた警備態勢を敷いた。羽田空港から宿泊先のヒルトン・ホテル（現キャピトル東急ホテル）まで、メンバーはパトカーの先導により移動、ホテルも厳重に警備された。さらに、ホテルに滞在中、メンバーは外出禁止（コッソリ抜け出したメンバーもじつはいたのだが）、スケジュールも分刻みで管理されていた。そしてコンサート時には、およそ3000人の警察官が会場に配備された。観客数は平均しておよそ1万人だったから、なんとその3分の1弱の人数が警備にあたっていたのだ。

　さながら戒厳令のような体制は、メンバーにとってはさぞ異様に映ったことだろう。が、リンゴはその厳重さもさることながら、日本人の異常なほどの几帳面さにひどく驚いていた。すべて計画通りに動いていた日本人のことを、always act on time（いつも時間通りに行動する）などとサラリとはいわず、dedication（献身、献納）なんてちょっと硬い、リンゴには似合わなそうな言葉を使って表しているところにその驚きが大きかった

ことがわかる。"7時14分に部屋を出るように指示され、その1分半後に
エレヴェーターに……"というのは英米人の好きな比喩の一種だろう。そ
れでも、意外だった気持ちをこんなふうに、たとえ話のようにして面白そ
うにいうところはリンゴらしい。皮肉屋のジョンだったらば、

The Japanese seems to have an obsession for the time. That's
ridiculous. (日本人は時間に対して強迫観念を持っているようだ。ありえ
ないね)

なんていったのではなかろうか。どうあれメンバーのなかではいちばん
マイペースなリンゴにとっては、一種のカルチャー・ショックだったに違
いない。

カンヅメにされていたホテルには、メンバーをもてなすために、和服や
土産物などの販売業者が次々と部屋を訪れていた。その訪問販売も、決め
られた予定通りにきちんと行われたのだろう。

My occupation is syncopation. But, every time, my syn-
copation is different, because I can never play the same fill
twice. I just can't, never have been able to.

(僕が専門にやることはシンコペーション。でも、僕のシンコペーション
はいつも、違うものなんだ。同じフィルを二度はできやしないからね。本
当にできないし、これまでもできなかったよ)

リンゴの、自分のドラム・プレイに言及した言葉。彼がこうして自身の

プレイについて何かいうのは、ちょっと珍しいことだと思われる。シンコペーション（syncopation）とは、強拍と弱拍の置き方を独特にしたリズム。通常はあまり置かないところにアクセントを置いたりして、変わった流れにしたビートのことだ。フィル（fill）はドラムの、俗にいう"オカズ"のこと。４小節や８小節の最後の、区切りのパートに入れる、歌のバックでキープするビートとは違う、ちょっとハデなプレイをこう呼ぶ。

有機的だった４人の結びつきのありようを浮かばせる

それにしても every time, 〜〜 different（いつも〜〜違う）、can never play 〜〜 twice（二度は〜〜できない）、また never have been able to（これまでもできなかった）などと、はっきりいい切ってしまっているところはちょっと苦笑してしまう。リンゴはそれほど、自分が不器用なドラマーだと思っていたということなのか。まあ、確かにワザが豊富でテクニカルなドラマーではない。前任のピート・ベストと比べて、格段にいいプレイを聴かせていたわけではないし、デビュー・アルバム『プリーズ・プリーズ・ミー』のレコーディングでは、一部でセッション・ミュージシャンのアンディ・ホワイトが代役を務めたりもしている。

じつはリンゴ、あまり知られていないのだが、彼はポールと同じ左利きなのだ。それでも使っていたのは右利き用のセットだった。それゆえビートはちょっといびつなものになり、代役が立てられたのは、プロデューサーのジョージ・マーティンがそれを問題視してのことだと思われる。ストレートさが求められていたこの時代、正当でない、揺らいだビートをひとつの特徴ととらえるような風潮はなかったのだろう。

　ただ、どうしようもなくヘタなドラマー、というわけではもちろんな
い。複雑なことはできなくとも、シンプルな工夫を凝らしたプレイを結構
しているのだ。中期、ことに『ザ・ビートルズ』以降にそうしたドラム・プ
レイは多く見受けられる。定石から少しはずれたアプローチで、最低限の
ドラム・キットをうまく使って作り出した彼特有のビートは、トータルな
音世界に、確実に色を添えていた。

　そんなアプローチができたのは、ツアーをやめてレコーディングに専念
するようになってからの、自由に実験ができる環境にいたからこそのこと
だろう。何をしてもOKという、この時期のビートルズの一員だったから、
独特のビートを作り出すことができたというわけだ。だから同じフィルを
二度できなくても、まったく問題はなかった。リンゴのドラム・プレイに
ついて、"取り立ててビックリするようなものでなくとも、ビートルズ・サ
ウンドには必要不可欠"などと評されることがよくある。フロントのジョ
ンとポールに比べていささか地味だったジョージにもこの評価は当ては
まると思われるが、真理をごくさりげなく突いている。やはりビートルズ
はあの4人だからこそ成り立っていたバンドだったのだ。少しばかり自嘲
気味に響くリンゴのこの言葉からは、そんな、この上なく有機的だった4
人の結びつきのありようを思い描くことができ、新鮮だ。

　なお、中期以降にみられるリンゴの独特なドラム・プレイに関しては、
拙著『「人間・ビートルズ」入門』に詳しく記してあるので、よろしければ
ご参考に。

I had no schooling before I joined The Beatles and no schooling after The Beatles. Life is a great education.

（ビートルズに加わる前には教育なんて受けなかったしビートルズのあともそうだった。最大の教育は生活そのものだよ）

リンゴの、ビートルズ時代を振り返っての言葉。ビートルズはやはり、彼にとってもかけがえのない存在だったことが伝わり、ほんわかさせられる言葉だ。Life is a great educationなんてちょっと達観したようなものいいは、彼には今ひとつ似合わないが、ここでは違和感はない。おそらくこれはすべて本音、素直に出てきた言葉だろう。

学校教育は現実的でなかった幼少期

リンゴが幼少時代、病弱で学校にマトモに行けなかったことは、すでに記した通りだ。そんな彼の生い立ちを簡単に記しておくと……。

リンゴの生まれは1940年、リヴァプールの波止場近くにある、ディングルというエリア。生家は当時は貧民街だったこの地区の、棟割長屋だった。誕生後、両親は惜しみなく彼に愛情を注いだらしいが、幼少時代の生活は、決して幸せといえるものではなかった。3歳にしてその両親は離婚、それからおよそ10年、彼は祖父母や近所の人に助けられながら、母・エルシーの手で育てられている。

そんななか、小学生の時に穿孔性盲腸炎と腹膜炎を併発して、およそ1年におよぶ入院を体験。さらに中学時代にはカゼをこじらせて肺炎にかかり、この時は2年にわたる療養生活を余儀なくされた。母子家庭で育っ

た、病弱な少年だったわけだ。そんな彼にとっては、スクーリング、学校教育というもの自体、あまり現実的ではなかったのだろう。

　中学を落ちこぼれるようにして出たあとも、病歴は彼の人生に暗い影を落とした。鉄道のメッセンジャー・ボーイや船のバーテンなど、就いたいくつかの職は、健康の問題で早くに解雇されるばかり。そんな、何をやっても長続きしなかった彼にやっと光明がさすようになったのは、スキッフルと出会ってからのことだった。

　スキッフルは、ロニー・ドネガンがイギリスに広めた、ビートルズのメンバーをはじめとして、数多くのブリティッシュ・ロックのアーティストが若かりし頃に夢中になった、ジャズやブルース、カントリーがベースのルーツ・ミュージックだ。当時16歳だった彼は、さっそく組立工として働いていた職場の仲間とバンドを組み、母の再婚相手に10ポンドで買ってもらったドラムを叩くようになる。のち、いくつかのバンドに参加してダンス・パーティなどで演奏を続け、19歳の時に、当時リヴァプールでは支持を集めていたロリー・ストームとハリケーンズに参加。そのハリケーンズでハンブルクを巡業中にビートルズと出会い、1962年のデビューに際して、ピート・ベストの後釜ドラマーになった。

　話はそれるが、本名リチャード・スターキー（Richard Starkey）の彼がリンゴ・スターというステージ・ネームで呼ばれるようになったのは、ハリケーンズ時代のことだった。この名に決まるまでには多少の過程がある。それを簡単に記しておくと、以下のような感じだ。

　彼は当初、指輪をいくつもつけていたことからリングス（Rings）の愛称で呼ばれていた。それがいつしか、憧れていたアメリカ西部開拓時代の

ガンマンであるリンゴ・キッド（Ringo Kid）にあやかってリンゴになる。そしてそのまま、リンゴ・スターキーにするつもりだったのだが、"なんとなくしっくりこなかった"という理由でファミリー・ネームはスターだけにして、Starの最後にもうひとつ r を加えたのだ。

　メンバーのなかでひとりステージ・ネームを持つ彼の、その名のネタが、好きな指輪と憧れのガンマンというのもちょっとユニークで面白い。

シンプルなバッグラウンドがよく伝わる

　話を戻す。若かりし頃のこんなキャリアをみてみると、この言葉がごく素直な気持ちを表したものであることがつぶさにうかがえるというものだ。そして、彼もまた音楽に救われた、いってみればよくいる、典型的なテディ・ボーイだったこともわかってくる。音楽と出会うことで考えが変わり、音楽に熱中することでいろいろなことを学び、人生そのものが大きく変わっていった。大成功を収めたビートルズの一員だからといって、何も特別な人間ではなかった。そんなシンプルなバックグラウンドが伝わる、どことなくホッとさせられる言葉ではなかろうか。

　ビートルズへの参加は、幼少時代は病弱で落ちこぼれだった彼に、確かに自信を与えたようで、

Of course, I'm ambitious. What's wrong with that? Otherwise, you sleep all day.（僕にももちろん、野望はある。そのどこがいけないんだい？　そうでなければ、1日中寝てるだけさ）

という、なかなか潔い言葉もリンゴは残している。ambitious（大志、野望）なんて形容詞はやはり彼にはちょっと似合わない気がするが。

また彼は、

The Beatles were just four guys that loved each other. That's all they'll ever be.（ビートルズの4人はお互いのことを本当に思いやってた。これからもずっとそうさ）

などともいっている。彼がビートルズをいとおしく思っていることは、この言葉からもよく伝わる。

4章

ビートルズに関連した
言葉たち

ビートルズから派生した
キャッチーな言葉たち

　大きな成功を収めた1960年代半ば近く、ビートルズは単なる"リヴァプール出身の一ロック・バンド"を超えて、いちやく"パブリックな存在"になった。こうなるともう、本人たちの意図はおかまいなしに、バンドのイメージは独り歩きしていくものだ。その、独り歩き現象を象徴したひとつは、ファンやメディアによって、ビートルズに関連した造語が作られたことだった。

Beatlemania　ビートルマニア

　Beatlesと、"熱狂"を意味するmaniaをひとつの単語にしたもの。つまり、"熱狂的なビートルズ・ファン"のことだ。冷静に考えれば、一ロック・バンドのファンを総称して固有名詞が生まれるなんてことは少々異様だといえるが、それだけ当時のビートルズのファンは特異だったのだ。まずはどう特異だったのか具体的にしてみると……。

　コンサート会場で金切り声を上げるなどかわいいいモンで、ツアー先で、メンバーが宿泊するホテルを突き止めてそこに押しかけ、4人の顔を見たいがためにすぐ近くで大声を夜通し張り上げて、窓から顔を出させようとするファンも相当数。またコンサート・チケットを手に入れるために、発売の3日以上も前から各地のボックス・オフィス(チケット販売所)の前に陣取って動かないものもかなりの人数、出たほどだった。

　さらに、メンバーに会いたい一心で、ビートルズのマネージメント・オフィスであるNEMSエンタープライズの住所を書いた大きな段ボール箱にもぐり込み、配送業者にその箱を配達させたものもいた。笑い話のようだが、実際にあったことなのだ。この顛末を一応記しておくと、箱は無事に到着、スタッフが受領したのだが、なかでガサゴソする音が聞こえてくる。不審に思ったそのスタッフが急ぎ箱を開いてみると、なかに若い女の子がひそんでいて仰天、呆れてすぐに追い返した……、なんて感じだ。

最初にこの言葉を使ったのは新聞だった

　こんなふうに、滑稽と思えるほどに涙ぐましい努力をする人々が、当時の熱烈なビートルズのファンのなかには実際にいたわけだ。そんな熱狂ぶりを考えると、こうした特定の呼び名が生まれるのはさもありなん、という感じだが、ここでもう少しこの言葉が世に出た経緯を明らかにすると、以下のようになる。

　宿泊するホテルやボックス・オフィスの周辺に昼夜問わずたむろするファンは、ほとんどがティーンエイジャーだった。そのため青少年の健全な育成に悪影響を及ぼすとして、社会的な問題にまでされて取り沙汰される。いつしかこの問題は議会でも取り上げられることになり、そうなると当然、報道の対象になる。このテの芸能関連のニュースは、タブロイドと呼ばれるイギリスでは人気の大衆紙（日本の夕刊紙のようなもの）にとって、格好のネタだ。かくして『ザ・サン』や『デイリー・エクスプレス』といったタブロイド紙がこぞって記事にしていき……。そんななか、やはりイギリスで支持を集める左派的な大衆紙の『デイリー・ミラー』が"ビー

トルマニア”という言葉を使ってこの現象を報じた。イギリス人の新聞好きは有名だ。膨大な数の一般人がこの言葉を目にしてすぐに定着、世に広まっていった……。

　それにしてもこの『デイリー・ミラー』、いかに芸能ネタが得意な大衆紙とはいえ、雑誌の何倍もの購読者数を持つ新聞だ。そんな、公共的な新聞が、一ロック・バンドが引き起こしたこんな現象に、造語を考えるまでしてキメ細かく対応したわけなのだ。

　この言葉に関しての、興味深い後日譚を少し。

　アメリカでは70年代半ばから、ビートルマニアばかりを対象にした、『ザ・フェスト・フォー・ビートルズ・ファンズ』というイヴェントが各地で定期的に開かれている。また70年代後半には、この言葉をそのままタイトルにした『Beatlemania』というミュージカルが作られ、ブロードウェイで1000回以上も上演されている。こうしたさまざまのエンターテインメントが時を超えて生まれていることもまた、ビートルズのパブリック性を物語る事実だ。

　ちなみに、“マニア”という言葉をバンド名に続けてファンを総称した例には、ベイ・シティ・ローラーズのファンにつけられたローラーマニア（Rollermania）や、モーニング娘。が手本にしたとされるプエルトリコのグループであるメヌードのファンのためのメヌードマニア（Menudomania）などがある。が、どちらもあまり一般的に知られる言葉にはならなかった。

Apple scruffs　アップル・スクラッフス

"ビートルマニア"と同様、ビートルズ・ファンを総称した言葉だが、ビートルマニアとこのアップル・スクラッフス、性格は少し違う。ビートルマニアは、メンバーと接触したいがため、周囲の迷惑を顧みずに猪突猛進するようなファンだったのに対して、こちらはメンバーと会えることを我慢強く待ち続けていたようなファンだった。時期も違っていて、ビートルマニアのほうは、ビートルズがコンサート・ツアーを行っていた初期から中期にかけてのファンで、アップル・スクラッフスはこの名称からもわかるように、アップル・コアができてからの、後期から解散してしばらく経った時期までのファンのこと。サヴィル・ロウにあったそのアップル・コアの本社ビルや、ビートルズがレコーディングに使っていたアビー・ロード・スタジオ周辺にたむろして、メンバーとの万が一の遭遇を待っていたファンのことをこう呼んでいたのだ。

　このアップル・スクラッフスという言葉について、scruffsは"襟首"の意味だから、"アップルの襟首"という意味になる。"アップルにまとわりつくもの"なんてイメージからこう命名されたのだろう。それでも、ダイレクトに響くビートルマニアに比べると、イマジネイティヴでなかなか悪くない言葉だ。ビートルマニアよりも謙虚だったこの時期のファンたちの性格をさりげなく表しているし、そんなファンを"首の周りにいるもの"などと表したあたりには、イギリス人らしいユーモアのセンスも感じ取れる。

メンバーもアップル・スクラッフスは寛容していた

　メンバーは、そんなアップル・スクラッフスに対してどう思っていたのか。意外にも、といっていいのか、わりに温かいまなざしを向けていたようだったのだ。とくにジョージがそうだったようで、彼はこのファンたちへの愛情をつづった曲も書いている。1970年に発表されたソロ3枚組の大作『オール・シングス・マスト・パス（All Things Must Pass）』に収録された、この名称をそのままタイトルに使った、「Apple Scruffs」がそれだ。彼には思い入れがあった曲らしく、同アルバムの「What is Life」（邦題「美しき人生」）がシングル・カットされた際には、そのサイドBに採用している。

　"キミたちはそこに座って行きかう人々を見つめる……"なんて歌詞で始まるこのアコースティック・タッチのナンバーには、"いつも花束を持って外で待っていてくれていたね……"などと、感謝の意を表したようなパートもある。ビートルズが解散してあまり時が過ぎていなかったこの時期、周囲ではバンド内のゴタゴタついての大騒ぎが続いていたことにイヤ気がさしていた彼は、

　The nicest thing is to open the newspapers and not to find yourself in them.（いちばん嬉しいのは、新聞を開いて自分が載っていないことだ）

　などと発言している。メディアに対してはウンザリしていたようだが、ファンがずっとそばにいてくれることは、素直に嬉しかったのだろう。この曲が完成した折りに彼は、そのアップル・スクラッフスを何人かスタジオに呼んで、試聴までさせていたという話も伝えられている。

　ポールもやはり、同じように考えていたようだった。バンド時代の事実上のラスト・アルバム『アビー・ロード』の「She Came in Though the Bathroom Window」は、そのアップル・スクラッフスのことを唄った曲だといわれている。アップル・スクラッフスのひとりである"彼女"が、"バスルームの窓から家に侵入してきた"実話がもとになったものとのことなのだが、実際にはワードローブをあさる程度で、"コソ泥はできても強盗にはなれなかった"その"彼女"のことを、"誰も諭してあげなかったし、わかってあげなかったのか……"などと、半ば憐れむような気分を表しているのだ。ジョンとリンゴがどういう気持ちでいたのかはわからない。が、皮肉屋のジョンの曲にこのアップル・スクラッフスを揶揄するようなものが見当たらないことを考えると、みんな、寛容していたのではないかと思われる。

　……そのアップル・スクラッフスたちは、ビートルズ解散後も緩い交流を続け、しばらくの間、『アップル・スクラッフス・マンスリー・ブック』というファン向けの雑誌を自主的に作っていたらしい。問題視されることもあったビートルマニアを教訓にして自制し、"メンバーのために陰ながら、少しでも役に立てれば……"などと謙虚に考えていたのか。どうであれ、こんな名前の雑誌を作っていたところには、自分たちが"アップルの襟首"などと呼ばれるのを厭わなかったことが伝わり、なんとなく微笑ましい。

beatly　ビートリー

　こんな言葉があることを知ったのは数年前、とある1960年代後半から

活動を続ける、アメリカのフォーク・ロック系のアーティストの評伝を読んでいた時のことだった。そのなかに「自分でも演奏したくなった僕は、さっそくビ・ー・ト・リ・ー・なギターを中古で手に入れようと……」という、ティーンエイジャー時代を振り返ったそのアーティスト本人によるコメントがあったのだ。

　日本語に訳された評伝だったため表記はカタカナだったが、このビートリー、スペルはbeatlyで、beatleの末尾をyにして形容詞化した、あえて日本語にすれば"ビートルズっぽい"なんて意味の造語であることはすぐさま察しがついた。そしてそんな造語が存在し、アメリカのアーティストがごく普通に使っていたことには軽いカルチャー・ショックに見舞われたのをよく覚えている。さらに、そのアーティストは、急ぎリッケンバッカーかグレッチ（念のためどちらもジョンとジョージが初期に使っていたギターのメーカー）のギターを探しに走ったのか……、などと具体的なことをイメージできた。

　そんなbeatly、響きはいささか奇異ではあるが、イマジネーションも喚起させる、なかなかスカッとした言葉だ。

世紀を隔てた今も使われている

　英語にある程度親しみがある方であれば、名詞のあとにyを続けると、その名詞と近い意味の形容詞になることがあるのはご存知だろう。たとえばwind（風）のあとにyを続けたwindy（風が強い）、fun（楽しみ）にyが続いたfunny（面白い）、そしてmood（気分、機嫌）をmoody（日本語では"雰囲気がある"といったニュアンスで使われるが、"ムラっ気がある"

だとか "気分屋の" なんて意味になる) などがそうなのだが、このように、yがつく前のものは、どれもいわゆる一般名詞だ。beatlyのように、固有名詞が形容詞にされた例はというと……。

ビートルズよりも一般的な固有名詞であろう大都市の名前で考えてみても、たとえばロンドンやニューヨークをこう変えた、londonyだとかnewyorkyなんて言葉は聞いたことがない。また人物名でみてみても、万人が知るであろうイエス・キリストをこうした、jesusyなどというのも同様だ。こんなふうに固有名詞が形容詞化した例などはほとんどないといっていいのだが、そんななか、一ロック・バンドのビートルズだけについてはこんな造語が生まれている。

やはりビートルズはこの時期、ひとつのロック・バンドという域を超えていたということなのだろう。ことに、件のアメリカのフォーク・ロック系アーティストのような支持者の間では、自分たちの生活のなかにいてごく当たり前の存在、いってみれば "共通認識" のようなものになっていたのだ。beatlyというこの造語が誰の口から最初に出てきたのかはわからないし、調べようもない。が、ビートルズというバンド名が共通で認識されるうちに一般名詞化し、そこから自然発生的に生まれたものだろうとは想像がつく。熱烈な支持者のひとりがシャレのように口にしたのが始まりで、それを聞いた人が面白いと感じてまた新たな機会に違う誰かに向けて口にし、……そんなことが繰り返されて、多くのファンの間で定着した。おそらくそんな言葉であったのではなかろうか。どうあれ全盛期のビートルズならば、それだけの波及効果を生む力を持っていた。少なくともイエス・キリストよりも影響力があったはずなのだ。そんな意味でいえば、ジ

ョンのWe are more popular than Jesus Christという言葉は、やはり単なる自己過大評価ではなかったのだ。

　このbeatlyという言葉は、世紀を隔てた近年にも見ることがある。2015年のこと、これがタイトルに使われた、『While Solo Guitar Beatly Weeps』というアルバムが日本で発表されているのだ。10人の日本人ギタリストがビートルズ・ナンバーを演奏したテイクを集めたオムニバス・アルバムで、ジョージ作の名曲「While My Guitar Gently Weeps」のもじりであるこのタイトルの意味は、"ソロのギターがビートルズっぽくすすり泣く間に"なんて感じになる。こんなふうに今もってこの言葉が死語にならずに受け継がれていることもまた、ビートルズが一ロック・バンドという域を超えた、普遍的な"共通認識"になっていることの証明にほかならない。

　最後に、beatlyとはちょっとニュアンスが違うが、ロック・バンドの名をアレンジした造語がほかにあるので、それを紹介しておく。

　"Tレクスタシー"というもので、スペルはT. Recstasy。想像できるように、グラム・ロックのT・レックスの名のT. Rexに、"快感、恍惚"の意味のecstasyをつなげたものだ。このバンドの音楽が聴き手に与える独特の陶酔感を表した、"T・レックス的恍惚"なんて意味の造語だが、この言葉はあまり一般的にはならなかった。

Fab four　ファブ・フォー

　近年のイギリスでは王室のメンバーの4人についてよく使われているらしい。その4人は、先ごろ王室離脱を宣言して話題になったハリー王子

とメーガン妃、そしてハリーの兄であるウィリアム王子とキャサリン妃だ。この2組の王子夫妻がロイヤル基金のフォーラムにそろって参加したことが、The 'Fab Four' in action together. (ともに活動する「ファブ・フォー」) とツイッターで伝えられたのがきっかけで広まったとのことだが、じつはこの言葉、1960年代にも使われていた。ほかならぬビートルズの4人がしばしばこう呼ばれていたのだ。

ファブ・フォーとは、Fabulous Fourを短くしたもの。"素晴らしい4人"、"素敵な4人"なんて意味だ。最初にビートルズをこの言葉で表したのは、2016年に世を去ったトニー・バーロウ。バンド存続中にビートルズのプレス向けの広報を担当、メンバーから信頼を寄せられて、公私ともに親しくしていた人物だ。そのバーロウが、初期のプレス・リリース (宣材資料) に使ったのがこのFab Fourという言葉だったのだ。

なおポールはバーロウの死去にあたって、

Tony Barrow was a lovely guy who helped us in the early years of The Beatles. He was super professional but always ready for a laugh. (トニー・バーロウはビートルズの初期にヘルプしてくれていた愛すべきヤツだった。本当にプロだったけど笑いが絶えなかったよ)

というコメントを残している。lovely guyなんて言葉を使ったところに、親愛の念が表れている。

ずっと受け継がれた言葉

fabulousという形容詞には、"素晴らしい"や"素敵な"以外にも、"伝

説上の"だとか "架空の"、また "信じられないような"、"大量の" なんて意味がある。a fabulous price（法外な値段）などとネガティヴな意味合いを持つこともあるが、The concert I saw last evening was fabulous.（昨夜観たコンサートはすごく素晴らしかった）などとして、概して何かを賞賛する時に使われるものだ。もともと "とても" や "かなり" のニュアンスがこもる言葉であり、そんな意味でいえばこのFab Fourはちょっとオーヴァーにも響き、いかに脚光を浴びていたとはいえ、デビューしたてのバンドをこんなふうに呼ぶのはずいぶんと大胆なのでは？　と感じられなくもない。

　が、バーロウは、ビートルズはそれだけ特異な存在だということをアピールしたかったのだろう。そしてその特異さを、excellentやwonderful、またfantasticやmarvelous（どれも "とても素晴らしい" という意味）などといったありきたりな、あるいはgreat（偉大な）だとかdevastating（圧倒的な）といった大仰な言葉を使わずに、ドリーミーなタッチもあるこのfabulousで表したところは気が利いている。fabulousはfable（寓話、神話、伝説）の形容詞形なのだ。このFab Fourという言葉を見た当時のメディア関係者も、それゆえイマジネーションを広げたことだろう。なかなかシャレたコピーといえる。

　なおアメリカに、ザ・ファブ・フォーというビートルズのトリビュート・バンドがあるらしい。ビートルズのレパートリーのみならず、ソロになってからの4人の曲も演奏するバンドで、メンバーにはジョン、ポール、ジョージ、リンゴに扮した4人に加えて、コンサートで進行を担当するエド・サリヴァン役もいるとのこと。エド・サリヴァンはアメリカCBS

で自ら司会進行を務めていた『エド・サリヴァン・ショー』にビートルズを出演させ、彼らの名をアメリカに広めたテレビ・キャスターだ。

さらにこのザ・ファブ・フォーには、ウイングスバンド（Wingsband）、ジョージ・ハリーズ・サン（George Harry's Son）、ラトルマニア（Rutlemania）などといった関連プロジェクトもあるという。ウイングスバンドはポールのウイングスからとったもので、ジョージ〜はジョージのフル・ネームのもじり、ラトルマニアは映画『マジカル・ミステリー・ツアー（Magical Mystery Tour）』に出演したボンゾ・ドッグ・ドゥー・ダー・バンドのメンバーだったニール・イネスが中心になったビートルズのパロディ・バンド、ラトルズ（後述）の名前からつけたものだろう。

ビートルズのDNAは、音楽的な面のみならず、言葉の面でも受け継がれている。

レコード店の使った
キャッチコピーなど

Was it really twenty years ago?

（本当に 20 年前だったの？）

　著者が初めて渡英した 1980 年代半ばのこと、ロンドン中心地にあるチェーンの大型 CD ショップの店頭に、こんなコピーが記された大きな垂れ幕が掲げられていたのを見た。バンド時代に作られたビートルズのアルバムの CD 化リイシュー盤の宣伝である。

　このコピー、ファンの皆さんであれば、「Sgt. Pepper's Lonely Hearts Club Band」の歌詞の出だしの部分のもじりであることは、容易に察しがつくだろう。"ペッパー軍曹の失恋クラブという架空のバンドがこれから演奏を始めますからよろしく！"なんて内容が唄われている箇所だ。その部分を疑問文にして、なかに really を加えただけのごくシンプルなものなのだが、それでも、じつにシャレたコピーだといえるのではなかろうか。

じつにさりげなくビートルズのフレッシュさを伝えている

　というのも、こんな簡単なもじりで、"60 年代という、（その時点では）20 年も前のものだというのに、ビートルズが聴かせていた音楽は今もって新鮮だ"なんて気分がつぶさに伝わってくるから。そんな気分をストレートなコピーにすると、たとえば "Still fresh' n' cool, the Beatles!"（ず

っとフレッシュでクールなビートルズ!) だとか、"Movin'us even now!"（いまだに感動をさせてくれる!) なんて感じになるのだろう。が、そんな、いかにも宣伝臭いコピー、といったものでなく、代表曲の歌詞の一部をアレンジしただけのごくシンプルな一文ながら、そうした気分をじつにさりげなく伝えているのだ。

　プロフェッショナルなコピーライターではなく、このチェーンのショップのスタッフのなかに熱心なビートルズ・ファンがいて、そのものがふと思いついた……、おそらくそんなコピーではないかと筆者は考えるのだが、どうあれこのコピーを思いついた人間の機転には感服、とこの垂れ幕を見た時には感じた。**ビートルズには、やはり賞味期限がない。**

The bus is down there waiting to take you away.
（バスはあちらで皆さんを連れ去るのを待っています）

　リヴァプールで近年もずっと続いている、ビートルズゆかりの地を巡るバス・ツアー『マジカル・ミステリー・ツアー（Magical Mystery Tour）』のガイドの言葉。集合場所に集まった客をバスに案内する際のもので、テレビ映画『マジカル・ミステリー・ツアー』のテーマとしても使われたナンバー、「Magical Mystery Tour」の歌詞の一部をアレンジしたものだ。ついでながらこのツアーに使われるバスは、1967年に放映された同名のテレビ映画に出てきたものとまったく同じペイントが施されている。

　この言葉を耳にしたのは、2000年に入ったばかりの頃だった。当時3

冊目のビートルズ関連の書籍を執筆しており、そのリサーチのために訪れ
たリヴァプールでのことだ。元来こうしたお仕着せの観光ツアーはあまり
好きではないのだが、まがりなりにも数冊の関連著作を持つ身だ。一応は
体験しておかなければならない、と考えて、半ば義務のようにして参加し
たツアーだった。が、これがなかなか悪くなかったのだ。

ビートルズをネタにしたシャレをわかりあえる楽しさ

　バスで巡った、メンバーの生家や歌詞に出てくる施設などの"ゆかりの
地"は予想した通りの、期待を上回るものではなかった。が、そのツアー
のガイドは、エディという名のビートルズと同世代の男性だったのだが、
そのエディの言葉がこんなふうに、ちょっとふるっていたのだ。ファン心
理をくすぐるような言葉はほかにも結構あった。印象に残っているものを
ちょっと紹介しておくと……。

　まずはペニー・レーン通りにある、「Penny Lane」の歌詞に出てく
る銀行と床屋の前を過ぎてそれを乗客に紹介したあとにいった、Very
strange.（とってもヘンだね）という言葉。

　そしておよそ2時間弱のツアーの行程を終えて、*Thank you for join-
ing our tour,* 〜（ツアーへの参加を感謝します……）といった謝辞を述
べたあとに、ちょっとおどけたように続けた*I hope we've passed the
audition.*（オーディションに合格してればいいけれど）というもの。

　Very strange.のほうは「Penny Lane」の歌詞にあるワン・フレーズ。
またI hope we've 〜は、映画『レット・イット・ビー』の最後、サヴィル・
ロウにあるアップル・コア本社ビルの屋上で行われた、いわゆるルーフ・

トップ・セッションの最後を締めくくるジョンのMCの言葉だ。

ツアーのいちばん最初のThe bus is 〜も含めて、それぞれの言葉のウラに込められたシャレ心は、熱心なビートルズ・ファンでなければわかりようはないだろう。それでも、驚いたのは参加客のほぼ全員が、エディの口からそんな言葉が発せられると、暖かい笑みを浮かべていたこと。この時にはドイツやブラジル、韓国やマレーシアといった非英語圏の国からの旅行者も何人かいたのだが、その人たちも含めて、みんなそんな感じだったのだ。ビートルズはもはや全世界の音楽ファンにとって"共通認識"になっている。そんなことを改めて実感した出来事だった。

じつはそのガイドのエディとは、ツアーに参加した翌晩にちょっと話をする機会があった。マシュー・ストリートにある『キャヴァーン・パブ』に飲みに行ったところ、彼も偶然、そこでギネス・ビールのグラスをかたむけていたのだ。リヴァプール中心地の同ストリートに70年代初頭まであった、ビートルズがデビュー前後によく出演していた『キャヴァーン・クラブ』と同じ場所に作られたパブだ。当たり障りのないビートルズ談義をする間、*Umm, I feel fine.*（う〜ん、いい気分だね）などと彼は、店内に流れる往年のヒットを聴きながらしきりにいっていたのが印象的だった。「I Feel Fine」は、1964年発表の、ビートルズの8枚目になったシングルの曲だ。

リヴァプールではこんなふうに、多くの人たちがビートルズをネタにしたシャレを口にしているようだ。

ラトルズはネーミング感覚も模倣した

The Rutles

　ラトルズはビートルズのパロディ・バンド。1970年代後半にアメリカNBCで放映されたテレビ映画『オール・ユー・ニード・イズ・キャッシュ（The Rutles in All You Need Is Cash）』（邦題『オール・ユー・ニード・イズ・キャッシュ〜金こそすべて（四人もアイドル）』）で名を知られた、イギリスのコメディアンたちによるバンドだ。メンバーは、このテレビ映画の時は、ニール・イネス（劇中ではジョンにあたるロン・ナスティ役を演じる）、エリック・アイドル（同ポールにあたるダーク・マックィックリー役）、リッキー・ファター（同ジョージのスティッグ・オハラ役）、ジョン・ハルシー（同リンゴのバリー・ウォム役）の4人。2019年に世を去ったイネスは、映画『マジカル・ミステリー・ツアー』に出演したボンゾ・ドッグ・ドゥー・ダー・バンドのメンバーで、アイドルはモンティ・パイソンの一員だ。

　このラトルズの作品のネーミング感覚が面白い。ほとんどがビートルズのパロディなのだが、ちょっと笑えるのでいくつか紹介したい。なおこのバンド名について、rutleという単語はない。ビートルズと語呂が近いからとしてつけたものだろう。

All You Need is Cash

このテレビ映画のタイトルは、「All You Need is love」のパロディ。"現金こそはすべて"、愛などでなく金だ、といい切ったところが悪趣味ながら、裏表がなくて、スカッとしている。

Yellow Submarine Sandwich

「Yellow Submarine」のパロディだが、イギリスらしさが感じられるところがいい。イギリス人は概してサンドウィッチが好きで、さまざまなタイプのブレッドにさまざまな具をはさんだサンドウィッチを昼食や軽食に楽しむもの。名前にもいろいろあり、高級カジノ・クラブで生まれたとされるクラブハウス・サンドウィッチというものもある。その向こうを張って、このイエロー・サブマリン・サンドという名のサンドウィッチを誰かが考え出して、Eat under the sea.（海の底で食べてください）なんてコピーで売り出していたりして……。そんなことも想像させる、楽しいネーミングだ。

Ouch!

「Help!」のパロディ曲のタイトルがこれ。ouchは"あいたっ"や"あちっ"なんて意味の間投詞だ。"助けて!"からこれにつなげたところはかなりダイレクトだが、なかなかシャレが利いている。個人的には「Oops!」にしてもよかったかと思っている。これは"おっと!"という意味だ。

A Hard Day's Rut

『ア・ハード・デイズ・ナイト』をアレンジした、映画の名前。nightをバンド名の頭3文字のrutに置き換えただけだが、rutは "車轍"、"わだち" という意味だ。だから "ハードな日のわだち"。なんのこっちゃい、といいたくなるナンセンスさで単純に笑える。rat（ネズミ）にしても面白かったのでは？　が、"ハードな日のネズミ" もなんのこっちゃい、という感じか。

Sgt. Rutter's Only Darts Club Band

『サージェント・ペパーズ』をパロディにして作った架空のバンド名。RutterはRutlesの最初の3文字を個人名のようにアレンジしたものだろう。そしてdartsについて、イギリス人はダーツが好きで、このゲームを置いたパブが多数あり、ビールを飲みながら楽しむものが多い。そんな風習から思い浮かんだダジャレなのか。そうだとすると、only darts、ラターズ軍曹は、ダーツしか楽しみがない寂しい男を思い浮かばせる。そこも面白い。

Tragical History Tour

「Magical Mystery Your」をもとにした作品名。tragicalはtragically（悲劇的に）から思い浮かべた、magicalに引っかけた言葉だろう。それにしても、"魔法のように奇妙な旅" が "悲劇的な歴史の旅" だ。このユニークなイマジネーションにはちょっと脱帽。

Shabby Road

『アビー・ロード』のパロディ。ShabbyはAbbeyに似た語感を持つ単語だから選んだのだろうが、"みすぼらしい"、"粗末な" なんて意味の形容詞なので、"ヨレヨレの通り" なんて意味になる。まあ、"世界一有名な横断歩道" といわれる、例の横断歩道があるアビー・ロードという名の通りも、それほど立派なものではないけれど、みすぼらしいほどではないのだが……。

Let It Rot

もとは『レット・イット・ビー』。rotはrutから思い浮かべたものだろうが、"腐る" という意味だ。だからこの意味は "腐らせよう"。"なすがままに" しておくと、なんでも腐ってしまうということか。これもブラック・ジョークっぽくてちょっと笑える。

Che Stadium

ラトルズがコンサートをしたとされるスタジアムで、ビートルズも演奏したシェイ・スタジアムのパロディ。Shea StadiumのSheaを、チェ・ゲバラのCheにしたもの。イギリスの国民的なスターのビートルズと、キューバの国民に愛されたこの革命家に、何か共通項を感じたのか。

Archaeology

『アンソロジー』にあやかった作品。"作品集" でなく "考古学" というわけだ。ラトルズ1996年のアルバムだが、この時点では、ビートルズはす

でに、考古学的な存在になっていたということか。

The Wheat Album

『Archeology』録音の際に録られたいくつかのデモ音源を集め、イネス
がミックスし直して作ったアルバム。『ザ・ビートルズ』の通称であるホワ
イト・アルバム（White Album）のもじりだろうが、"小麦のアルバム"と
は……?

　こんなふうに、ラトルズはビートルズを徹底的に遊んで、笑い飛ばして
いたのだが、当のビートルズはどう感じていたのか。意外にもウケていた
ようなのだ。ジョージはとくに気に入っていたようで、

*The Rutles sort of liberated me from the Beatles in a way. It
was the only thing I saw of those Beatles television shows they
made. It was actually the best, funniest and most scathing.
But at the same time, it was done with the most love.* (ラトルズ
はビートルズからちょっと解放してくれたよ。彼らが作ったビートルズの
テレビ番組でそんなことがわかった。最高でおかしくて容赦のないものだ
ったね。でも、愛があった)

　と語っている。なおジョージは、じつは『オール・ユー・ニード・イズ・
キャッシュ』にテレビ・レポーター役で出演しているのだ。このテレビ映
画には、ほかにもミック・ジャガーやポール・サイモン、ロン・ウッドなど
が出演している。ラトルズが多くのアーティストから支持を得ていたこと
がうかがえるエピソードだ。

おわりに

　もうずいぶん前、『ビートルズで英会話』、『ビートルズでもっと英会話』（どちらもKKベストセラーズ）という本を著したことがある。タイトルから想像がつくように、ビートルズ・ナンバーの歌詞を教材にして、英語を学ぶことをテーマにした書籍だ。"楽しみながら英会話技術を習得できる"なんて触れ込みの、カジュアルな英語能力上達のための指南書だった。

　内容も想像できるかと思うが、"この曲の歌詞のこの部分は、こんなシチュエーションでの会話に、こんなふうに応用できる"といったことを記したものだ。教材として使う曲の歌詞は、執筆前に改めて細かくチェックした。この2冊でおよそ70曲（カヴァーもなかに数曲）ほど使ったのだが、それらの歌詞を読みながら気づいたのは、ビートルズは言葉の面でも独特の感覚を持っていた、なんてことだった。ことに、リリカルな表現を使うようになった中期から、言葉遊びの跡がリアルにのぞけるものが増えた後期にかけてのナンバーだ。どれも曲を聴きながら歌詞カードを目で追っていると、"この、どことなく観念的な描写の裏にある真意はなんなのか、あるいは真意などないのか……"などと考えさせられたのだ。

　そんなふうに想いを巡らせる時間はことのほか楽しく、それまで散々聴いて耳に馴染んでいた曲だったというのに、ちょっとした新たな発見もあり……。ともあれビートルズが発したものはなんにしろ、さまざまな方向に深読みができて面白い。そんなことをその時期に改めて強く実感したことが、本書のような、ビートルズの言葉に焦点を当てた書籍を著してみた

いと思ったそもそものきっかけだったと思う。

　取り上げたいくつかの言葉についての考察は、どれもあくまで筆者の観点から加えたものだ。そのため"ちょっと違うんじゃないか"と感じられた読者の方もいらっしゃるかもしれない。が、メンバーの人間性を巧みに表したそれぞれの言葉は、音楽とは別の形による、彼らなりのアートの一種のようにも思える。音楽を含めたすべてのアートは、それを受けるものそれぞれで、自由にとらえていい。ビートルズのメンバーも、"自分たちの音楽は、どんなふうに感じ取ってもらってもかまわない"といっている。そのため少しばかり的外れの解釈をしても、そんなふうにとらえているものがいることをもしメンバーが知ったとしたら、面白がるのではなかろうか。……そんなことを考えながら、本書は執筆した。

　最後に、本書の編集を担当してくれたDU BOOKSの稲葉将樹さんに深く感謝していることを記しておく。制作中にはからずもふりかかってきたコロナ禍の中、原稿をきちんとチェックしてくれた彼の繊細なフォローがなければ、本書は作れませんでした。イラストレーション、デザインでご協力いただいた川原端丸さん、相馬章宏さんにも感謝いたします。

　それと身内びいきになるが、1966年の日本公演に足を運んだほど古くからのビートルズ・ファンで、いろいろと参考意見を聞かせてくれた筆者の実の姉、小島みどりにも、また。

小島　智

著者略歴

小島智 (こじま・さとし)

東京都出身。明治大学在学中よりミニコミ編集やイヴェント制作にかかわる。卒業後、コンサート制作会社、音楽プロダクションでアーティスト・マネージメントなど。80年代半ばに月刊『ミュージック・ステディ』の編集部に参加、のち同誌編集長。80年代後半からはフリーで音楽誌を中心に一般誌、新聞などに音楽評論、アーティスト・インタビュー記事などを執筆。著書に『アヴァン・ミュージック・イン・ジャパン』『ロック＆ポップスの英語歌詞を読む』『「人間・ビートルズ」入門』『ビートルズで英会話』など。

ビートルズの語感

曲づくりにも共通する遊びの発想

2021年1月22日　初版発行

著　　小島智

イラスト　川原瑞丸
デザイン　相馬章宏 (コンコルド)
編集　　　稲葉将樹 (DU BOOKS)
発行者　　広畑雅彦
発行元　　DU BOOKS
発売元　　株式会社ディスクユニオン
　　　　　東京都千代田区九段南3-9-14
　　　　　編集 tel 03-3511-9970
　　　　　　　 fax 03-3511-9938
　　　　　営業 tel 03-3511-2722
　　　　　　　 fax 03-3511-9941
　　　　　http://diskunion.net/dubooks/

印刷・製本　大日本印刷

ISBN978-4-86647-135-8 Printed in Japan
©2021 Satoshi Kojima / diskunion
万一、乱丁落丁の場合はお取り替えいたします。
定価はカバーに記してあります。禁無断転載

本書の感想をメールにてお聞かせください。
dubooks@diskunion.co.jp